榜样 | **影响时代的力量**

每一个时代，都有激励我们奋进的力量，都有值得我们追随的人。这种力量，像是漠漠荒野中一条坚实的路径；这些人，好像茫茫大海中一道不变的航标。

王志艳⊙编著

告诉你一个
贝多芬的故事

U0741193

天津出版传媒集团

天津人民出版社

图书在版编目（CIP）数据

告诉你一个贝多芬的故事 / 王志艳编著 . -- 天津：
天津人民出版社，2013.1（2018.10 重印）
（巅峰阅读文库 . 榜样：影响时代的力量）
ISBN 978-7-201-07837-3

Ⅰ . ①告… Ⅱ . ①王… Ⅲ . ①贝多芬，
L.V.（1770 ~ 1827）—生平事迹—通俗读物 Ⅳ .
① K835.165.76-49

中国版本图书馆 CIP 数据核字 (2012) 第 301207 号

告诉你一个贝多芬的故事
GAOSU NI YIGE BEIDUOFEN DE GUSHI

出　　版	天津人民出版社
出 版 人	黄　沛
地　　址	天津市和平区西康路 35 号康岳大厦
邮政编码	300051
邮购电话	（022）23332469
网　　址	http://www.tjrmcbs.com
电子信箱	tjrmcbs@126.com

责任编辑　　李　荣
装帧设计　　映象视觉

制版印刷　　永清县晔盛亚胶印有限公司
经　　销　　新华书店
开　　本　　690×960 毫米　1/16
印　　张　　10
字　　数　　100 千字
版次印次　　2013 年 1 月第 1 版　2018 年 10 月第 3 次印刷
定　　价　　29.80 元

前　言

历史发展的每一个阶段，都有值得我们追随、激励我们奋进的榜样。他们或以其深邃的思想推动了世界文明的进步，或以其叱咤风云的政治生涯影响了历史的进程，或以其在自然科学领域中的巨大成就造福于人类……

因为有了他们，历史的车轮才会不断前行；因为有了他们，历史的内容才会愈加精彩。他们已经成为历史长河的坐标，引领着我们走向更加深邃的精神世界和更加精彩的物质世界。今天，当我们站在一个新的纪元回眸过去的时候，我们不能不提起他们的名字，因为是他们改变了世界，改变了人类社会的发展格局。了解他们的生平、经历、思想、智慧以及他们的人格魅力，也必然会对我们的人生产生重大的影响。

为了能够了解并记住这些为人类历史发展作出过巨大贡献的人物，经过长时间的遴选，我们精选出60位最具时代性、最具影响力、最具代表性的人物，编写成这套《榜样：影响时代的力量》丛书，期望通过这套青少年乐于、易于接受的传记体裁的丛书，对青少年读者的成长产生潜移默化的影响，使他们能够从中汲取有益的精神元素，立志成才，为祖国、为人类作出自己的贡献。

本套丛书写作角度新颖，它不是简单地堆砌有关名人的材料，而是精选了他们人生中富有代表性的事件和故事，以点带面，从而折射出他们充满传奇的人生经历和各具特点的鲜明个性。通过阅读本套丛书，我们不仅要了解他们的生活经历，更要了解他们的奋斗历程，以及学习他们在面对困难、失败和挫折时所表现出来的杰出品质。

　　此外，书中还穿插了许多与这些著名人物相关的小知识、小故事等。这些内容语言简洁，可读性强，既能开阔青少年的阅读视野，又可作为青少年读者学习中的课外积累和写作素材。

　　我们相信，这是一套能令青少年读者喜爱的传记丛书。通过阅读本套丛书，我们也能够真切地了解到这些伟大人物对一个、乃至几个时代所产生的重大影响。

　　现在，就让我们一起翻开这些杰出人士的人生故事，走进他们生活的时代，洞悉他们的内心世界，与这些先贤们"促膝谈心"，让他们帮助我们洞察人生，鼓舞我们磨炼心志，激励我们永远奋进，走向成功！

Ludwig van Beethoven

导 言

　　路德维希·凡·贝多芬（1770—1827年），德国著名作曲家、维也纳古典乐派代表人物之一，对世界音乐的发展产生了举足轻重的影响，被人们称为"乐圣"。

　　贝多芬的祖父是波恩的一名宫廷乐队指挥，父亲是一位宫廷男高音歌手，母亲是一位女佣。自幼贝多芬就显露出非凡的音乐天赋，父亲为了将他培养成像莫扎特一样的神童，从小就逼他学习钢琴和小提琴。从8岁开始，贝多芬就已经开始在音乐会上表演并尝试作曲了。

　　如莫扎特所预言的那样，贝多芬后来成为世界音乐史上最伟大的作曲家之一。他的创作体现了他坚强的意志和性格，反映了那个时代的进步思想，具有浓烈的英雄主义情感，激奋人心。他的作品既壮丽宏伟又朴实鲜明，音乐内容十分丰富，同时又容易被听众接受和理解。

　　从1796年起，贝多芬的听力就开始下降，后来甚至完全丧失了听力。即便如此，他依然没有放弃对音乐的执著，而是"扼住命运的喉咙"，用坚强的意志克服重重困难，创作出许多经典的传世之作，比如代表他乐观主义的《英雄交响曲》，代表他坚韧毅力的《第九交响曲》等。

　　在这些经典的音乐作品中，贝多芬将自由的精神和满腔的热情都倾注其中，从而开创了音乐史上的新领域，总结了他光辉灿烂、史诗般的一生，也展现了人类美好的愿望。

　　1827年3月26日，贝多芬在维也纳辞世。虽然当时没有一个亲人陪伴在他的身边，但在29日的葬礼上，却有无数人前来为这位音乐大师送行、哀悼。他的墓碑上铭刻着奥地利诗人格里尔帕的题词：

　　"当你站在他的灵柩面前的时候，笼罩着你的并不是志颓气丧，而是一种崇高的感情；只有对他这样的一个人我们才可以说：他完成了伟大的事业……"

　　一位欧洲的君主曾说："我要用剑与火征服世界。"他没有做到。贝多芬没有说过要用音乐征服世界的话，但他却做到了。

　　本书从贝多芬的儿时生活写起，一直写到他所创造的伟大音乐作品以及所取得的辉煌成就，再现了贝多芬具有传奇色彩的一生，旨在让广大青少年朋友能够真切地了解这位伟大音乐家坎坷而充满磨难的人生历程，体会他对音乐执著不懈的追求以及对命运不放弃、不认输的坚毅精神。

告诉你一个贝多芬的故事 / 目录

contents

Ludwig van Beethoven

Contents

目 录

1770—1827

第一章　由盛转衰的音乐世家

那些立身扬名出类拔萃的，他们凭借的力量是德行，而这也正是我的力量。

——贝多芬

（一）

波恩是一个位于德国中西部的美丽而古老的城市，也是世界音乐史上鼎鼎有名的圣地。

1770年12月26日，在波恩城后街的一条小巷中，从一幢破旧的、摇摇欲坠的小阁楼中透出一线昏暗的灯光。阁楼里，房间矮小，陈设简单，一位年轻的母亲正要临产。

两个小时过去了，小生命依然没有降生，母亲玛丽亚已经痛得筋疲力尽，而父亲却不知去向。

又过了半个时辰，忽然，一阵婴儿响亮的啼哭声打破了小阁楼的寂静，一个男婴诞生了。这个孩子，就是我们故事的主人公路德维希·凡·贝多芬。

玛利亚那双善良、温柔的眼睛注视着这个小生命，眼里流露出无尽的母爱。她不时地抚摸着小家伙的额头、脸蛋儿，高兴极了。

这时，教堂的钟声响起，天已经亮了。

不一会儿，市集上小酒馆的门打开了，那个刚刚降生的婴儿的父亲约翰跌跌撞撞地出来了。他一边走着，一边唱着歌。他是一个男高音歌手，因此即使是喝得烂醉如泥，他还是唱得相当不错。

约翰连妻子生产都不顾，又喝了一夜酒，天亮了才回家。

推开阁楼沉重而破旧的门，他一眼就看到了摇篮中正在酣睡的小生命。

"天啊，玛利亚，你生了！"他禁不住欢快地大喊起来。

"约翰，不要那么大声，"玛利亚温存地说，"快安静点，来看看你的儿子吧。"

"啊，是个男孩儿？……"

"是的。"

约翰高兴得几乎跳起来，又喊又叫：

"太好了，我有继承人了！他长大后，一定也会成为一名歌手，要不就是个大音乐家，哈哈！……"

约翰来到摇篮旁边，小家伙已经被父亲吵醒了。他睁开那双乌黑发亮的眼睛望着父亲。约翰亲昵地注视着儿子，端详着儿子的模样，喃喃地说：

"奇相！天才！小家伙长大后一定会成为一个了不起的音乐家！"

酒鬼约翰虽然犯过一万次错，但是这一次他却说对了。

（二）

贝多芬的家族是个音乐世家。早在1733年时，贝多芬的祖父路德维希就已经是一位音乐造诣颇深的风琴家了，同时他还是一位知名度颇高的歌唱家。

老路德维希最早是从列日来到波恩的，并在科隆的宫廷乐队任职，在教堂和歌剧院中主唱男低音。

在波恩生活了五个月后，老路德维希爱上了一位19岁的德国姑娘，并很快与她结婚了，两人一起定居在波恩。

但是，老路德维希的前两个孩子在出生后不久就都夭折了，这让他十分难过。直到第三个孩子约翰·凡·贝多芬（贝多芬的父亲）出生，并健康地活下来，老路德维希才逐渐摆脱了丧子之痛，又重新投入到他所钟爱的音乐事业之中。

遗憾的是，有关贝多芬祖母的记载很少，人们只知道她的名字叫玛利娅·约瑟夫·波尔，还知道她特别嗜酒。

当老路德维希去世后，波尔就被儿子约翰送到波恩的一所教堂中生活。由于约翰和母亲一样，也是个酒徒，这一嗜好令贝多芬的家庭经济状况越发糟糕。而且约翰也是因为无法满足母亲的要求，才不得不将她送到教堂去的。

约翰从小就跟随父亲学习音乐和演唱——但约翰却没有像父亲那样，表现出较高的音乐天赋。16岁时，约翰才被允许进入宫廷，在合唱队中担任男中音或在歌剧中饰演配角。父子二人经常一起演出，但约翰却表现平平，就连老路德维希最后都跟外人否认约翰是自己的儿子。

当然，老路德维希并不是否认自己与约翰的血缘关系，而是否认约翰的音乐天赋。同时，也没有任何音乐界的友人愿意承认约翰的才华。自私、酗酒、庸碌无为地生活，是约翰终其一生的主旋律。也正因为这样，约翰让老路德维希伤透了心。

1767年，约翰与一位来自艾伦白拉特斯坦的女子玛丽亚·马达琳娜·凯维利希相识并相爱了。

然而当他准备与玛利亚结婚时，却遭到了老路德维希的强烈反对。他声言，经过自己的调查，他发现玛利亚曾经是一名侍女。

但是，老路德维希的反对并没有让约翰动摇，这一年的11月12日，约翰毅然地与玛利亚结婚了。

其实，贝多芬的母亲玛利亚的命运十分坎坷，她的父亲是宫廷的一等厨师。17岁时，她嫁给了一个男仆，可是没过多久，丈夫就死了。

艰难而无奈的生活迫使她只好改嫁，可是与约翰结婚后，她的生活也不幸福。而且婚后不久，她的父母也相继去世了。

尽管老路德维希与玛利亚两家都是皇帝的仆人，但老路德维希却并不希望这个地位比自己更为低下的厨师的女儿做自己的儿媳妇。他既讨厌儿子的平庸，也讨厌儿媳妇的唯唯诺诺。

玛利亚再婚后的第三年，即1769年，她与约翰的第一个儿子马利亚出生，可是只活了6天就不幸夭折了。

玛利亚也逐渐看清了自己的生活：一个外表漂亮却没有生活能力的宫廷歌手的妻子。丈夫约翰每次从酒馆回来，都是喝得烂醉，并且把钱花得一分不剩。

玛利亚的生活陷入了十分艰难的境地。她既要维持家庭的生计，又要应付财主和杂货店频频送来的账单。

更令她难以应付的是频繁地生儿育女。从1769年第一个孩子马利亚出生到1781年的12年间，她先后生育了6个孩子，只有3个活了下来。其中的第二个孩子，就是1770年出生的贝多芬。

不过，关于贝多芬的出生却是争议不断，这也为后来人们为他写传记增添了不少困难。

第一个就是关于他出生时间的争议。贝多芬自己认为，他出生于1772年的12月，而不是1770年的12月。贝多芬始终认为，那些证明他受洗年份的证明书，都是他的哥哥路德维克·马利亚的。

但是，有人却认为这大概出自贝多芬的幻觉。事实上，从后来的种种情形来看，他既不情愿也不能理性地考虑他的出生年月。

第二个就是关于贝多芬双亲的争议。在1810年的一份报纸上，曾有一些传说，称贝多芬是一位普鲁士君王的私生子。后来这个传说还一再地被录入百科全书、音乐辞典以及各种音乐期刊当中，直到他去世。

（三）

贝多芬的父亲约翰在与他的母亲结婚时，曾遭到老路德维希的强烈反对。只是约翰最终并没有屈从于父亲，还是按照自己的意愿结婚了。

那么，老路德维希为何要那么坚决地反对呢？

人们推测，他可能是担心约翰与一个寡妇结婚会扰乱他们原来那种井然有序而舒适的生活环境——多年来，他一直都与儿子一起住在一所公寓中，公寓有六个房间和一个女侍的卧房，日子过得很舒适。

据他们的房东费希尔在回忆录当中描述，他们的房间布置得十分优美，都有比较高档的家具和许多油画、银器等。这样有条理的生活，他当然不希望有所改变——他尤其不希望是个寡妇将儿子从自己的身边夺走。

这桩没有得到父亲的支持和祝福的婚姻，在后来的岁月中充满了种种冲突和矛盾。玛利亚在结婚后不久，就开始后悔了。但她后悔的原因并不是因为贫穷，而是因为她的丈夫约翰。

虽然老路德维希反对儿子的婚事，但在儿子结婚的最初几年，他还是对儿子的家庭精心呵护，而且当时老路德维希除了担任宫廷乐团指挥外，还经营烟酒事业，这也让他获得了比较丰厚的收入，所以他也根本不在乎帮儿子养家。

而且，儿子的婚姻也没有对他造成什么威胁，儿媳尊重他的地位，也把他当成家长来看待；而他与儿子的关系也没有发生什么大的变化。后来，他又有了可爱的孙子们。

表面看来，约翰好像处处都受到父亲的支配：老路德维希为他选择职业，教导他学习音乐，推荐他进入宫廷礼拜堂，替他谋得宫廷歌手的职位，而且，他还担任儿子的雇主和监护人。当初之所以反对儿子的婚姻，可能是因为觉得约翰还不能成为一个负责的丈夫和父亲吧。

现在看来，约翰的婚姻显然违背了父亲的意思，因为父亲与他的关系仿佛是一种支配与被迫接受的关系。因此，约翰对他的父亲始终怀着某种敌意。这种情绪直到他父亲去世后才完全暴露出来。

约翰在事业上的成就与他的父亲相差甚远，他的天赋也比较平庸，但约翰却缺乏自知之明。1774年1月，也就是老路德维希去世不到两周的时间里，约翰便向选帝侯（指德国历史上那些拥有选举罗马人民的国王和神圣罗马帝国皇帝的权力的诸侯）请求加薪。

他在写给选帝侯的信中这样说道：

> 兹谨向选帝侯阁下禀告：家父已经归西。家父在世的42年中，曾服役于选帝侯阁下，荣膺宫廷乐指挥，窃以为个人足以胜任他的职位，唯不敢贸纵向阁下自陈……

约翰虽然有着超越父亲的幻想，但却缺乏追上现实的勇气。费希尔的家人记得，他经常趴在窗户上，凝望着外面的雨丝，或者向他的贪杯之交鱼贩子克伦扮鬼脸，这个鱼贩子也同样每天懒散地靠在街对面的窗边。

后来，约翰不在家的时间越来越多，他经常和他的朋友连续几个晚上徘徊在酒肆中，或者在街头闲逛，直到午夜或清晨才回家。

后来的几年，约翰更是声誉低落。所幸的是，在1784年以前，由于受到父亲以及当时有权势内阁的庇荫，朝廷还能稍稍容忍他。

1784年后，当时对约翰一家还算友善的选帝侯和内阁相继去世，在新上任的选帝侯宫廷中，约翰完全失去了倚靠。

1785年，约翰又试图欺诈贝德布斯的继承人，并因此令自己陷入窘境。这件事情，也让他在宫廷以及在波恩的地位降到了最低点，加速他走向人生的下坡。

此后，选帝侯出于怜悯，勉强将约翰留在了宫廷当中，但他在大家的心目中已经是一个滑稽可笑而又无用的人了。

一次，贝多芬去一家饭馆吃饭，刚坐下来手指就像弹琴一样在桌面上敲打起来。店里的人都感到奇怪。过了好一会儿，贝多芬才觉察到人们都在注视着他，但还是没明白怎么回事，于是说："算账吧，我该付多少钱？"周围的人听了都哈哈大笑，因为他根本就没有吃东西，只顾着自己敲打了。

第二章　内心孤独的童年

　　把"德性"教给你们的孩子，使人幸福的是德性而非金钱。这是我的经验之谈。在患难中支持我的是道德，使我不曾自杀的，除了艺术以外也是道德。

——贝多芬

（一）

　　幼年时期的贝多芬，十分羡慕和崇拜他的祖父。一生当中，他都念念不忘这位担任"宫廷乐团指挥"的祖父。可以说，老路德维希对贝多芬的影响是十分深远的。

　　一位宫廷油画家曾为老路德维希画过一幅精美的肖像画，画卷中的老路德维希身穿一件果绿色、衣边上镶着珍贵毛皮的礼服，头上戴着一顶做工精美的天鹅绒帽；他的双眼炯炯有神，鼻梁长而直，神情潇洒，散发出一种艺术家所特有的气质。

　　然而，贝多芬的容貌与祖父相比却有着天壤之别。因为，贝多芬的相貌几乎可以用"丑陋"来形容。

　　贝多芬很小就喜欢与祖父在一起。2岁的时候，贝多芬得了一场痘疮，结果使他胖胖的小脸上留下了一片小小的疤痕。每次约翰看到了，都会摇着头说：

　　"我居然有这样一个丑儿子，只是因为生了病，你可别埋怨我啊！……不过，这也不要紧，因为凡是世上的天才，通常长得都不太漂亮。"

母亲玛利亚和祖父老路德维希却并不在意，他们认为贝多芬是天底下最漂亮的孩子。尤其是老路德维希，对贝多芬非常宠爱，把自己的许多时间都消磨在这个孙子身上。

那时，老人家独自住在小阁楼对面的一间屋子里。贝多芬经常跑下阁楼，到对面去找祖父，听祖父唱歌。

可惜好景不长，1773年圣诞的夜晚，老路德维希这位竭尽全力支撑家庭的家长和慈爱的祖父溘然长逝了。尽管当时的贝多芬还十分年幼，但他已经能够记住祖父。此后，关于祖父的记忆也不断地在童年的贝多芬及成年后的贝多芬脑海中回映。

贝多芬一生都在模仿他的祖父，当然，这在当时也是件很自然的事，因为他的祖父曾是波恩音乐界最具影响力的人物。贝多芬一生都梦想自己能够成为像祖父一样的"宫廷乐团指挥"。

但是，这也显示出了贝多芬对父亲的排斥。他将祖父理想化了，自然就无法接受父亲那种不太令人满意的形象。对于贝多芬来说，虽然担任"宫廷乐团指挥"的祖父已经去世了，但他的父亲约翰显然无法恢复祖父在世时在宫廷中获得的地位和产生的影响。

童年时期的贝多芬在祖父的支撑下，度过了一段比较快乐的时光。在宫廷中，音乐包围着他。当他需要帮助时，那些音乐家们也会很乐意地向他提供帮助。

在贝多芬5岁的时候，他们搬了一次家。新居对于童年时期的贝多芬充满了吸引力，他经常站在阁楼上那个临街的窗户面前，凝望着窗外热闹的街市和远处若隐若现的山麓。

面对这充满生机的一切，贝多芬的眼中却时常会流露出一种难以言喻的茫然和一种捉摸不定的灵气。

河边的那条街是贝多芬童年时期的主要活动场所，贝多芬经常一个人在那条街上散步，一副满怀心事的样子。

随着家里孩子的增多，家庭的经济状况也每况愈下。父亲约翰每天只知道酗酒，而且每次都会喝得酩酊大醉；母亲每日在家中操劳，给孩子们准备食物和衣服等。这也让幼小的贝多芬明白了母亲的辛劳。在他的心灵深处，同情心与坚强、固执在一起慢慢成长和沉淀。

有时母亲有空了，贝多芬也会央求她讲一讲祖父的故事。尽管当时老路德维希反对约翰与她的婚事，但在母亲玛利亚的心中，老路德维希还是很值得称颂的。因此，她每次都会很愉快地答应贝多芬，讲一些祖父的事情给他听。

在贝多芬的眼中，母亲是个勤劳、温和、善良的女人，不论在生活上，还是在道德上，她都为孩子们树立了榜样。她不好高骛远，做自己力所能及的事，而且不严厉、不刻薄。孩子们都很信任她，她的很多美好的品德也深深地影响着孩子们。

（二）

在贝多芬心目中，父亲的形象与母亲截然不同。而且随着年龄的增大，他对父亲也越来越排斥。他讨厌父亲酗酒，讨厌父亲的吹嘘、自负。

这种情况到了贝多芬可以接受音乐教育的年龄时，显得更加严重——大约在四五岁时，贝多芬开始学习音乐。约翰想趁着这个时机来建立他在家庭中的领导地位。

事实上，他并不是真心要借此来教导一个天赋过人的孩子来学习演奏乐器，相反，他却用一种粗暴与任性的方式来对他的儿子进行音乐教育。

后来，贝多芬的一个童年时代的同伴曾说：

"每次，贝多芬的父亲都会使用暴力来促使他学习音乐……为了强迫他去练琴，父亲经常责打贝多芬。"

贝多芬的父亲不仅严厉，简直就是残忍。据说，他经常会把贝多芬关在地窖中，以此作为贝多芬不听话的惩罚。

这样过了几年，约翰发现自己的知识已经不足以胜任对贝多芬进行音乐教育了，于是，他就请了一位名叫托比亚斯·佩佛的演员兼乐师来帮忙。

可是不久，佩佛就与约翰混在了一起，并成为酒友。约翰经常邀请佩佛到他的公寓住，一直到第二年的春天他才离开。当时，一位住在波恩的低音提琴家毛勒曾这样描述贝多芬当时的情况：

往往佩佛与贝多芬的父亲在酒肆里纵饮，直到十一二点才回家。回家后，他们发现小贝多芬已经躺在床上睡着了，父亲约翰就将他粗鲁地摇醒，然后让他去练琴。贝多芬经常边哭边走向钢琴，然后在钢琴边一直练到天亮。而佩佛则坐在他身边，看着他。

可能人们不能理解，为什么约翰不将贝多芬送到学校去接受正规的教育？事实上，贝多芬对当时学校的教育方式和内容极其反感，曾先后两次转学。

后来，他又转到了一所拉丁文学校，在学校中所学到的拉丁文知识对他后来的创作起到了一定的作用。而且，他的法文和意大利文也学得很棒。但是，贝多芬却不喜欢数学，而且一生都对这门课程不甚了解。

约翰已经注意到了，尽管他对孩子们的管教都很严厉，但不是每个孩子在音乐方面都有出色的表现。在约翰看来只有贝多芬的演奏达到了相当高的水准。

约翰不想压抑儿子的音乐才华，相反，他反而将贝多芬的才华当做一种自我炫耀的手段，甚至是赚钱的工具。为此，他经常邀请波恩的音乐爱好者来他的公寓聆听小贝多芬的演奏，但通常都是收入场费的。

1778年，约翰还曾设法安排贝多芬在一场音乐会中公演。但是，后来的小贝多芬并没有再参加公开的音乐演奏会。从这方面可以看出，人们在当时并不认为贝多芬是一个音乐神童，因为他的父亲约翰本身就是一个天分有限的人，人们自然对小贝多芬的看法也会比较一般了。

由于童年时期这些不愉快的记忆，贝多芬在成年后也很少提起自己的童年生活。即便提到了，也是含糊其辞。为了让自己不受这些记忆伤害，他一方面流露出对母亲的敬爱和怀念，另一方面又不会提有损约翰名誉的话。

贝多芬虽然一生都很敬重他的母亲，但由于年幼时母亲没有太多的时间照顾他们，总是将他们交给侍女照顾，所以，贝多芬的童年也是个缺少母爱的童年。

（三）

在父亲严苛的管教和限制下，贝多芬开始以奔放的幻想来展现他的天赋。他常常用大提琴以及键盘乐器进行即兴演奏。但是，每次父亲听到他的演奏后，都会粗暴地制止和责备他：

"你现在弹奏的到底是一些什么无聊的东西？我不准许你有这样的弹奏方法，你必须按照乐谱来弹，否则你所弹的就不会有什么用处！"

有一次，贝多芬又按照自己的想象来弹奏，他的父亲大声喊道：

"我告诉你的话，你难道没有听见吗？"

贝多芬不理会父亲，继续又弹奏了一会儿，才向他的父亲说：

"这不是很美吗？"

但他的父亲却回答：

"那不相干，这都是你自己胡乱搞出来的，你现在还不能这样做！"

尽管贝多芬对父亲的很多行为都很反感，但他对父亲还是有一片孝心的。他经常领着两个弟弟到街上去寻找喝醉的父亲，并悄悄地将父亲扶回家。有人曾看到贝多芬"拼命地"阻挡警察逮捕他的父亲。虽然后来贝多芬很少提起自己的父亲，但只要听到别人说父亲的不是，他就会勃然大怒。

由此可见，贝多芬对他的双亲有着深切的爱，但却未能从他们的心底唤起亲情的共鸣，这可以说是贝多芬的不幸。

无奈之下，贝多芬也就放弃了任何可以建立温情与友爱关系的希望。因此，幼年时期的贝多芬可以说是远离他的伙伴与玩伴，也同样远离他的双亲，因而在心里建立起一种以自我为中心的社会。

不过，贝多芬幻想的生活重心还是他的音乐，这几乎占据了他清醒的全部时刻。从弹奏乐器中，他获得了极大的满足和成就感。相比之下，亲情和友谊似乎算不了什么。

贝多芬后来告诉他的学生卡尔·切尔尼说，那段时间他练习得"极其勤快"，通常都一直练习到午夜以后。他希望自己能够在技巧上追求完美，日后能够成为当代杰出的钢琴演奏家之一。

同时，贝多芬还不断增强自己即兴演奏的能力，在孤独中将内心那些丰富华丽的音乐想象表现出来。而贝多芬所激发出来的创作思潮，不但鼓舞了自己，也令后来的听众深受感动。

除了在家中练习键盘乐器外，贝多芬也到外面去拜师学习其他乐器，如大提琴、风琴、小提琴以及号角等。

贝多芬就是这样用音乐，将自己包裹在他的白日梦所形成的一件隐形斗篷之中。与理想中的世界比起来，贝多芬的现实世界可以说是黯淡无光的。

著名哲学家弗洛伊德将一种幻想命名为"家庭罗曼史"。当处于这种幻想当中时，小孩子就会用理想中的人物来取代他们的父母，比如英雄、名流、君王和贵族等。这种幻想在常人的白日梦中是十分普遍的，而在有创作才华的人心中，更是相对强烈而持久。

通常，这种幻想会发生在童年或少年时代，成年后就会渐渐遗忘，只有经过心理分析才能发现。可是，对贝多芬来说，这种幻想反而随着他的成长而愈加强烈。推其根源，这可能就是由于他少年时期的生活处境所导致的。

在贝多芬1812年到1818年的日记里，曾抄录了一段希腊神话特雷默克斯（奥狄赛的儿子）向雅典娜所说的话：

> 我的母亲说，他是我的父亲；
>
> 我自己知道，事实并非如此；
>
> 因为没有人知道，谁是他的父亲。

由于贝多芬的母亲经常当着孩子们的面贬低他们的父亲，因此这种"家庭罗曼史"更容易出现在小贝多芬的心中。而且随着年龄的增长，贝多芬也开始怀疑，自己拥有过人的天赋，而为何他的父亲会那么平庸？也正是因为这个缘故，他在"奥狄赛"中又加入了一段意味深长的文字：

> 像父亲的儿子实在很少；
>
> 大多数都是子不会肖父，
>
> 能够胜过父亲的，更加难得。

贝多芬发现，他无法将自己的才华与他的双亲联系起来，他认为自己比他的双亲要优秀得多。因此，他便时常幻想着自己的父亲也许另有其人——比如贵族、王室等等。

而在贝多芬的"家庭罗曼史"中，最深层也最单纯感人的，就是他是个私生子的幻想。可以如此推论，贝多芬的"家庭罗曼史"源于他对自己出生年份的幻觉。

1824年的一天，贝多芬去指挥他的《第九交响乐》，博得全场喝彩，共响起了五次热烈的掌声。然而他却丝毫没有听到，直到一位女歌唱家把他拉到前台时，他才看见全场听众纷纷起立，有的挥舞着帽子，有的热烈鼓掌。那种狂热的场面令贝多芬激动不已。

第三章　少年天才

　　我的艺术应当只为贫苦的人造福。啊，多么幸福的时刻啊！
当我能接近这地步时，我该多么幸福啊！

——贝多芬

（一）

　　父亲约翰发现，他已经越来越不能控制贝多芬的行为了，因此，他决定将贝多芬送到宫廷乐队里去演奏。

　　当时的乐队指挥是一名叫路奇雪的富有经验而出色的音乐家，但他也是一个傲慢狂妄的人，根本就没有将年幼的贝多芬放在眼里，认为贝多芬只不过是一个乳臭未干的小孩子而已。

　　后来，贝多芬的演奏技巧大为提高，他依然按照自己的意愿进行创作。这让父亲更加大失所望，心中的空中楼阁彻底坍塌了。

　　看到父亲失望，贝多芬也觉得很难过。他并不讨厌自己的工作，在他看来，音乐仍然是美好的东西。有时，他也恨父亲。父亲给他上课，对贝多芬来说简直就是一种折磨，他十分不愿意接受那些不合理的谴责。但是，酗酒的父亲却毫不留情地扼杀他的想法，可怜的贝多芬只能在内心深处藐视这位不公正、不受尊敬的老师。

　　贝多芬对父亲的每一个挖苦的字眼都无能为力，对他来说，遭受不公正的际遇简直是天底下最可怕的事情。而父亲对他的眼泪和哀求则根本无动于衷，他不允许儿子有任何出格的思想渗入到器乐演奏当中去。

事实上，此时的贝多芬最需要的就是真正的指导和详细的解释，而这些，贝多芬的父亲却根本给不了，结果两人自然是格格不入，经常发生冲突。贝多芬却从一些名不见经传的职业音乐家中学到了很多知识，这给他日后的创作带来了很大的帮助。

8岁时，贝多芬开始跟随宫廷风琴家艾登学习。艾登是一位年过花甲的音乐家，他启发了贝多芬对乐器奥妙的理解。

当贝多芬长到能够用手触摸到琴键并能用脚踩到风琴踏板时，他就转到波恩的一家修道院中，接受科学的音乐指导。另外，他还接受修道院中另一位风琴师的指导。这里的风琴比他以前用过的风琴都要大，这让贝多芬感到十分新奇和充满兴趣。

这时，贝多芬才刚刚10岁。

在这期间，贝多芬的学习是十分刻苦的，但他对音乐学习的欲望似乎永远都没有衰减，有些课程他甚至早早就学完了。

在乐器方面，贝多芬并不是很喜欢独奏乐器，而是钟情于钢琴、配器及和声等复杂的东西。在对各门功课都有了了解之后，贝多芬就开始将更多的精力投入到自己的爱好和创作当中。

在这个过渡期，有一个影响贝多芬至深的重要人物出现了。他就是日耳曼作曲家兼风琴师与指挥的克里斯·歌·尼法。他在1779年来到波恩，加入格罗斯曼与海尔默彩剧团，并于1781年被任命为宫廷风琴师。在艾登去世后，尼法便成为贝多芬唯一的作曲指导老师，一直到贝多芬离开波恩为止。他对贝多芬的音乐创作影响很大。

尼法青春焕发、朝气蓬勃、才思敏捷，有着严谨、详尽的教学方法。他的性格和教育方法也令性格暴躁、学识尚浅的贝多芬有所克制和收敛。因此，他也成为贝多芬所渴望和急切需要的那类老师。在与尼法相处过程中，贝多芬的眼界得到了扩展，知识也得到了完善和充实。

尼法很早就看出了贝多芬的音乐才华，并加以指导，又将自己的专业经验传授给他。他训练贝多芬成为宫廷主力风琴师，并在1782年6月让他暂时代理职位。没多久，尼法就将"键盘音乐师"的职位交给了这个年仅12岁的学生来接替。

尼法教给了贝多芬很多宫廷中学不到的东西，如依·巴赫的奏鸣曲、萨·巴赫的序曲和随想曲等，并对这个幼小儿童读谱识奏的才能大为赞赏。为了奖励他，尼法还额外地为贝多芬增加了一些课程，而贝多芬也都能轻松地吸收、消化。

后来，尼法还鼓励贝多芬创作了三首钢琴奏鸣曲，是献给皇帝的。当时的贝多芬年仅10岁。

一年后，尼法受皇帝之托，创作一幕歌剧。在这段时间当中，贝多芬就协助尼法进行歌剧的创作。

（二）

就在贝多芬全力学习音乐期间，老皇帝驾崩，新王位成为各派政治力量争夺的目标。早在4年前，皇妃玛丽亚·茜丽莎就把注意力全部放在她最宠爱的儿子马克雪比林·弗朗兹的身上。

1780年，弗朗兹在母亲的策动下，被选为科隆的公爵。他首先进入科隆的一所教会学校，仅仅经过3个星期的短暂培训，就堂而皇之地成了一位虔诚的教士。

1784年的圣诞之夜，弗朗兹在波恩的法格林教堂里披上了庄严的礼服，正式接受洗礼，然后名正言顺地登上了皇位。

新皇帝是仁慈而宽宏大量的，他对艺术十分重视，而且喜欢参加私人宴会，却不大喜欢在众人面前发号施令、行使自己的权力。

弗朗兹登基后不久，就将维也纳的流行音乐带到了波恩，令波恩从此成为一所世界闻名的音乐之城。

在执政期间，为了扩展艺术事业，他还倾尽全力收集所有的音乐书籍，创办了一所国立图书馆。在他的倡导之下，整个波恩都被音乐陶醉了。在这种音乐氛围的影响下，贝多芬也汲取了丰富的音乐营养。

弗朗兹皇帝做的另外一件事，就是了解宫廷中的每一位乐师的才干，并调查他们各方面的情况。

在男中音歌手约翰·贝多芬的档案中，如此写着：

"他的声音能持续很久，并已在宫廷中服务多年；家境困苦，但其为人正直、举止端庄。"

当时，贝多芬已经在宫廷乐队中任第二风琴师了。在他的档案中，有如下的记载：

路德维希·贝多芬，年龄13岁，生于波恩，在宫廷中已服务两年，尚无薪金；在乐队指挥缺席时，由该人顶替，很有才干，乐队中数他年龄最小，举止文雅，但是家境比较贫困。

后来，尼法被辞退了，辞退的缘由是：

"此人并不熟悉风琴的演奏。"

事实上，尼法并不是不熟悉风琴的演奏，而是因为他是个外国人，还是偏激份子，所以被当局认为是个不必要的人物，才设法想让贝多芬取代他的位置，以节省宫廷的开支。

弗朗兹皇帝在得知这一情况后，挽留了尼法，并用同样的方法处理与他情况相似的乐师。同时，皇帝还特意将贝多芬父亲的薪金拨了三分之一给贝多芬。

当时的贝多芬虽然只有13岁，但他在音乐上所表现出来的才华却十分惊人。在风琴和钢琴独奏中，他表现得十分潇洒而流畅，很少会出现失误。因此，他对自己也充满了信心。他认为，自己的才干要远远超过他目前所担任的职位。而目前的所为，也只是屈尊而就，这让他再也无法忍受下去。因此在演奏当中，他有时也会擅自修改曲谱，即兴变奏，将自己的创作渗入到作品当中去。

在这一年的圣诞礼拜演奏时，贝多芬大胆地将弗·海勒的《依里米亚之悲哀》的旋律进行了修改。在演奏时，从他稚嫩的手指下，流泻出了优美动听的旋律；他弹奏得太美、太流畅了。

然而事后，海勒很不高兴，他去觐见了皇帝，对贝多芬的随意修改提出了抗议，讥讽这种修改为"小聪明"。

后来，贝多芬的学生兼朋友安东尼·辛德勒在贝多芬的传记中是这样记述的：

"皇帝颇为宽宏地指责了贝多芬，不允许他今后再玩这种即兴演奏的把戏。"

然而，也就是在这一次，贝多芬的创作才华如初发芙蓉，艳丽异常；他的伙伴们也都开始支持他、鼓励他、钦佩他。

（三）

1787年的春天，贝多芬离开波恩，沿着莱茵河到荷兰旅行。在这之后，他又独自前往维也纳，去拜访伟大的音乐天才莫扎特，想把自己的演奏展示（或说是呈献）给莫扎特。这也是贝多芬生命旅程中最为重要的一页，但是，关于这次重要拜见，却只有简单的、寥寥数行的记述。

对于贝多芬去拜访莫扎特这件事，父亲约翰是充满了热切的期望的，他希望莫扎特能将贝多芬当做一个少年音乐家来接待。

莫扎特接见了贝多芬，并请他随便弹奏几支曲子听一听。

贝多芬弹奏完后，充满期待地请莫扎特给予点评，而莫扎特的反应却很冷淡。贝多芬也明显地感受到了对方的冷漠，这让他很难过。

随后，贝多芬又提出请莫扎特给一个主题，自己即兴作曲演奏。因为贝多芬在受到外界的刺激后，往往可以演奏得更加出色。现在，他被自己敬仰的大师轻视了，自尊心受到伤害，心里备受刺激。

于是，莫扎特给了贝多芬一个主题，贝多芬的手指开始流畅而快速地在琴键上跳跃飞舞起来。他的即兴演奏也让莫扎特的面部表情逐渐明朗起来……

琴声戛然而止，演奏完毕，四周静寂无声。

莫扎特对在场的几位朋友脱口而出：

"注意！这个孩子日后将震撼整个世界。"

然而，贝多芬在维也纳没住多久，就收到了父亲的来信，说母亲病倒了。贝多芬只好匆匆忙忙地赶回波恩。

母亲得的是肺病，而且病情的确已经十分严重了，终日躺在床上不能动弹，而家中的费用根本就不够开支，所剩不多的几样家具也都典当出去了。

贝多芬回到家中后，看到母亲奄奄一息地躺在床上，年仅1岁的妹妹玛格丽斯病得像母亲一样厉害，正在摇篮中细声地啼哭着。房间里肮脏昏暗，没人打扫。两个弟弟呆呆地坐在父亲身边，不知所措。

贝多芬母亲的一生都是在操劳、穷困和抑郁中度过的。严重的营养不良、过度的操劳以及多次生育对身体的伤害，极大地影响了她的健康。

1787年7月17日，肺病残酷地夺去了贝多芬母亲的生命；同年的11月25日，他的小妹妹也在贫病中死去。

母亲去世后，家中的全部重担都落在了贝多芬身上，这也让年仅17岁的贝多芬深感沉重。

由于父亲约翰的余生都是在酗酒中度过的，而母亲死后，约翰又开始利用贝多芬的怜悯和内疚更进一步地控制贝多芬的生活。正因为如此，他对父亲的抵触情绪越来越强烈。

在母亲去世的一年当中，贝多芬的心中也有了更加强烈的愿望，他的即兴演奏能力也让人感到吃惊。更重要的是，他开始将自己对音乐的灵感和追求完全表现在纸上。没多久，他就获得了比宫廷副琴师更好的职位。这样一来，贝多芬就有了更多的经济来源来支撑家庭的生活。

当然，贝多芬也是十分幸运的。由于弗朗兹皇帝对音乐的痴迷，整个皇宫似乎快速地变成了一个艺术中心，许多资金也都被用在音乐艺术上。

凭着出色的音乐天赋，贝多芬在宫廷中俨然成为一名宫廷钢琴家、音乐家。由于弗朗兹皇帝十分喜欢莫扎特的歌剧，如《费加罗的婚礼》、《茜拉尔的私奔》等，而贝多芬在歌剧院和乐队中由又担任中提琴手，与乐队的演奏人员之间相处十分融洽，因而也从一些各具特长的朋友那里学到了更多有关乐器方面的知识，从而让自己在音乐方面也获得了长足的进步。

当贝多芬的音乐知识积累得日益丰富后，他便创作了两首歌谣，又创作了一首芭蕾舞曲《骑士舞曲》。

事实上，这首《骑士舞曲》是受华尔特斯坦公爵之托秘密创作的，也是贝多芬为数不多的舞台音乐作品之一。只可惜，这首曲子后来遗失了。

第四章　友情与初恋

　　成名的艺术家反为盛名所拘束，所以他们最早的作品往往是最好的。

——贝多芬

（一）

　　皇帝弗朗兹出访时，经常带着乐队同行，作为宫廷琴师的贝多芬自然也在其中。他像其他乐师一样，带上假发，穿着红色的制服，束上鲜艳的饰带。偶尔，他也会在演奏中专门演奏钢琴。

　　当乐队在一个教堂开演奏会时，贝多芬遇到了业余音乐家瑞克。一直以来，贝多芬都是从不进行公开演奏的，但这次他却被说服了，为瑞克进行了一次专门性的个人演奏。

　　演奏结束后，瑞克大大地赞美了年轻而技艺精湛的贝多芬：

　　"严格地说，贝多芬的演奏比较清晰，有思索力，而且富于表情，欣赏者的耳朵能证明这一点。他为人直率、坦白，一点也不虚假。"

　　其实，这一时期的贝多芬在陌生人面前还是很羞怯的，并从内心深处厌恶那种将演奏者当做稀奇物看待的人。

　　1791年11月，贝多芬与宫廷中的另外三位音乐家蓝兹、朗波尔和辛姆洛克结伴而行，前往阿雪芬堡去拜访当时极具名望的钢琴家艾比·斯图加。

艾比·斯图加为贝多芬等人演奏了自己所特有的、愉快而明朗的曲子，贝多芬简直都听呆了。一曲终了，他又请求让自己也试弹奏一会儿。

艾比·斯图加注意到，贝多芬所弹奏的变奏曲正是自己喜欢和熟悉的，并且被他认为是最难演奏的曲子。

随后，贝多芬还弹奏了许多他能记起来的变奏曲，并即兴加入了一些新的内容。这让艾比·斯图加感到又意外又赞赏。

随着年龄的增长及音乐知识的丰富，贝多芬的音乐中也开始表现出更多的良知和温情来。他喜欢一个人沉思，但也需要友情的安慰。他在音乐天地中热情地、倾尽全力地学习，这无疑有助于他的世界观的形成。

而这些对于一般人来说却是不可能的，他需要有人让他振奋，并以此来拓展他的认识空间，而不是一直局限在一个有限的小圈子里原地打转。

因此，贝多芬也日渐扩大了自己交友的范围，并增加了一些结交朋友的时间。同时，朋友们身上的优点也丰富了贝多芬的心灵，让他汲取了更多的精神营养。在与朋友们的交往中，贝多芬改变了他以往胆小怕羞的毛病，开始变得开朗、大方起来。

而且，贝多芬和蔼的态度和得体而整洁的衣饰也很能引起别人的好感。贝多芬很快就发现，自己的才华和表现已经开始被波恩那些有修养、有水平的音乐家和艺术家们看重了。他相信，自己展示才华的空间已经越来越广阔了。

（二）

在贝多芬的一生当中，冯·勃朗宁夫人一家对他的影响很大。

勃朗宁夫人家一共有4个孩子，最值得一提的是勃朗宁夫人的女儿艾兰诺拉，昵称为劳欣。从15岁时开始，贝多芬就开始教授劳欣学习弹钢琴。

在自己的家中，贝多芬是个尽职尽责的兄长，总是很细致体贴地照顾着卡尔和约翰两个弟弟，让他们的生活尽可能地舒适，并把他们与现实生活中的丑恶隔离开来。

勃朗宁夫人是贝多芬一家的房东，她贤惠、善良、能干而且富于朝气，对贝多芬一家也是照顾有佳；而她博大的同情心则更是贝多芬家庭的庇护神。

早在1777年，在勃朗宁夫人27岁时，一场宫廷大火便夺取了她丈夫的性命。此后，勃朗宁夫人只好一个人带着4个年幼的孩子生活。她将全部的精力都用在抚养孩子身上。

贝多芬平时很喜欢与勃朗宁夫人一家相处，并且很快就成为勃朗宁夫人家中的一员了。他不仅常常白天与他们一起度过，有许多晚上也会与他们共聚一堂、畅谈欢述。

勃朗宁夫人的哥哥亚伯拉罕·冯·克利舒是波恩的一名牧师，他常去妹妹家；而勃朗宁夫人也将自己丈夫的兄弟洛朗斯（也是一位牧师）介绍给克利舒。两位牧师很快就成了朋友。而他们两人的道德和文化水准都是很高的。

贝多芬喜欢与他们在一起，听他们畅谈各种知识。对于贝多芬来说，这是一段让他感到愉快而又充实的时光。在这期间，他对文学的认识也加深了，知道了许多或优或劣的散文、诗歌等，他自己也尝试着创作了一些短歌剧，还能用德文讲述席勒、莱辛、莎士比亚或谢立丹等人的戏剧。

当时，贝多芬还担任风琴师聂斐的助手，并跟随他学习音乐。

聂斐是一个修养很高的人，他足以成为贝多芬在道德上崇拜和学习的楷模。同时，他也是一位拥有多方面天才的音乐家。在同聂斐学习和相处的过程中，贝多芬的艺术视野也得到了开阔，并熟悉了有关德国古典艺术的一系列代表人物和代表作品，这巩固了他对于崇高目标的认识和理解，同时也更加坚定了追求理想的信念。

而且，聂斐还是一个风趣幽默的人，经常引导贝多芬以游历的方式结交各界的朋友，帮助贝多芬增加见识，增长知识。

在这段时间中，贝多芬的创作风格和作品的演奏技巧都在比较自然地趋向于一种浪漫、诗一般热情的意境——旁人是难以用语言表达出来。但是，这并非贝多芬刻意所为，而是一种自然地流露。

正因为有了这种可贵的情感，贝多芬的作品也更加能够发出光辉来，且不需要经过那样一条曲折、迂回的道路。他仿佛具备一种不可思议的、天赋般的潜在能量，当看到某一个题目，马上就能领悟其中的情感，并创作出令人满意的作品来。

同时，贝多芬也逐渐了解了著名诗人荷马的光荣成就，了解了莎士比亚的辉煌人生以及歌德善于为自己辩护的个性，从而把握了他们伟大的人格特征，并将这些都融汇到自己的音乐创作之中。

由于勃朗宁夫人对贝多芬极其爱护，就像对待自己的子女一样，她也会尽可能地向贝多芬提供他所需要的一切，让他感受到家庭的快乐与温暖，这对一向生活艰苦的贝多芬来说，无疑是相当幸福和幸运的。要知道，从一个环境恶劣、生活艰苦的家庭，突然转入一种气氛融洽、温暖的家庭生活当中，这该是一种多大的变化和享受啊！

由于家庭的影响，贝多芬对很多事情仍然难以理解，所以在他17岁时，还时常浸泡在自己的幻想当中；而当他得不到某种适当的解释时，就会发很大的脾气。而且对于父亲以前经常轻贱母亲的行为，贝多芬也是不能原谅的。母亲去世后，他的心灵中留下的很大的创伤和阴影如同一层黑暗的雾霭一般。他总是对别人讲起自己的伤感和忧郁，甚至对他所深爱的人也不例外。

每次，当贝多芬从对音乐的陶醉陷入沉静的思索时，勃朗宁夫人都会温柔地对他说一句：

"看看你，老脾气又上来了。"

这句简单而又被重复了很多次的话，让贝多芬终生难忘。勃朗宁夫人高尚的情操也让贝多芬终身受益。

（三）

随着年龄的增长，贝多芬的初恋也如期而至。

勃朗宁夫人家中经常会有贵客来访，这也让贝多芬有更多机会接触到年轻漂亮的小姐。他经常被小姐们美丽的容貌所吸引，于是也改变了以往羞涩和寡言的习惯，主动与她们交流，并讲述自己身上发生的一些趣事。

贝多芬的挚友，经常与贝多芬保持书信往来的韦格勒曾这样描述贝多芬堕入爱河后的高昂的热情：

"他热爱蒂洪娜丝和韦斯特·赫尔特小姐的程度，从年轻时期一直延续到成年时代。贝多芬总是在渴望着'爱'的降临，并想尽一切办法得到它，但这往往又是不可能的。"

韦格勒所提到的蒂洪娜丝小姐是劳欣的好朋友，是从科隆来到波恩的，准备在勃朗宁夫人家小住一段时间。

蒂洪娜丝小姐很漂亮，而且性格活泼、大方，还受到过良好的教育。她也非常喜爱音乐，并且有着圆润的歌喉，这也令她与贝多芬之间有着更多的交流话题。

贝多芬经常陪伴在蒂洪娜丝小姐左右。在度假结束，准备回科隆前，蒂洪娜丝还为贝多芬演唱了一首悲哀的小曲子，以表示两人分离的苦楚

"远远超过她内心能够忍受的程度"。

蒂洪娜丝小姐的离去也让贝多芬着实怅惘了一阵子。但是不久后，蒂洪娜丝小姐的芳心就被一位科隆的军官赢去了。

韦斯特·赫尔特小姐是贝多芬的一名钢琴学生。她是一位宫廷退休参事的女儿，长得也很漂亮。贝多芬曾经疯狂地追求过韦斯特·赫尔特小姐，但在1790年，她却嫁给了一位男爵。

不久，贝多芬又开始追求一个地主的女儿科舒，但还是无果而终。

在旁人看来，贝多芬与他的学生劳欣的恋爱才是理所当然的，既有师生之谊，年龄又彼此相仿，只相差两岁。但是，这桩良缘也没能缔结成功。

在移居维也纳时，贝多芬与劳欣之间发生了一次较大的争执，甚至令他与勃朗宁夫人家的关系不得不宣告中断。而其中的原因，却是外界任何人都无法了解和弄清的。

后来，虽然勃朗宁夫人出面调解，贝多芬与劳欣两人的关系也曾一度修好。而且，劳欣还送给贝多芬一条丝围巾作为和好的礼物。

贝多芬也为两人的矛盾而感到懊悔，他写了一首变奏曲送给劳欣，并附了一封信：

由你亲手织成的丝围巾送到我的手中，的确使我感到极大的惊异。它使我从悲哀的情绪中惊醒了。对这份礼物，我表示极度的感谢和欣慰，它使我回忆起曾经的往事；而你宽大、仁慈的态度更是令我感到羞愧。真的，我没有想到我能被你再次记起。假若你能看到我昨天为这件事而受到的打击的话，你一定会责备我是言过其实的。我坦白地告诉你，我因为不能够出现在你的记忆中感到非常悲伤，以至于号啕大哭。我的朋友（让我继续这样称呼你们）！我已忍受够了，现在仍在忍受着这难忍的苦楚——失去你们的友谊，我将不会忘记你以及你的母亲，你是如此的忠诚；我知道我的过错和你对我的感情！

然而，这一次和好也没能完全修复两人的关系。后来，当贝多芬在维也纳再次见到勃朗宁夫人和劳欣时，双方的关系再次紧张起来。

后来人们才渐渐了解到，贝多芬对与勃朗宁一家的关系的转变感到十分难过。他发觉，自己其实不应该接受她家的恩惠，因此便说了一些比较粗鲁的话。等到他觉察到自己的失态时，却是悔之晚矣。尽管他在刚刚到维也纳时是十分骄傲的，并固执而狂热地表现自己，但此刻，他才真正发觉自己的错误：对性情优秀的人缺乏真诚忠实的情感，尤其是对待劳欣这样可爱的年轻女性。

所以后来，贝多芬曾向劳欣表达过自己衷心的忏悔。他给劳欣写了一封长长的信，信是这样开头的：

> 我最亲爱的朋友艾兰诺拉（即劳欣）：
>
> 维也纳，1793年11月2日
>
> 我在首都维也纳住了一年了，但只收到过一封信。然而，我是时常想念着你的，真的，常常如此。我常常会跟你谈话，涉及了你的家庭，但大部分时间里，我的头脑都不能安静下来，而我正需要安静。之后，就发生了那场可怕的争吵，我那种不应该有的生硬态度就完全暴露出来了。
>
> 我怎样才能改变以前那种不良的态度呢？它与我的性格是矛盾的。环境上的许多阻隔，让我们之间有了一个相当大的距离。据我猜想，这完全是因为双方谈话时过于客套，因而不能达到真正的和好。你和我都相信自己是被对方所说的真理而征服的，虽然带有一些怒

意，但我们却被骗了过去。你那良好而自尊的性格对我而言，的确是一个保证，而你则是一定能宽恕我的。

……

不过，这段感情，说友情也好，说初恋也罢，最终也未能在贝多芬的生命当中留下更多的记忆。

贝多芬总是与房东们发生纠葛，总是不断搬家。因为当他的情绪处于创作高潮时，总是把一盆盆冷水泼到自己头上来使它冷却，直到水浸透到楼下的房间。有时他搬家搬得太频繁，以至于不愿操心地把钢琴腿支上，而是坐在地板上弹它。

第五章 维也纳的奋斗

我愿证明，凡是行为善良与高尚的人，定能因之而担当
患难。

——贝多芬

（一）

在波恩生活期间，贝多芬的才华也逐渐被越来越多的人认可。现在，
他已经是当地一名出色的钢琴家了，但是，要想成为欧洲最伟大的钢琴
家，仅有天赋和才华是不够的。

为了谋求更好的发展，贝多芬觉得自己需要一个新的环境。而只有
维也纳这样的音乐圣地，才适合他的发展。贝多芬觉得，是离开波恩的
时候了。

这时又一位影响贝多芬一生的人物出现了。

就在贝多芬准备离开波恩，前往维也纳发展时，被誉为"交响乐之
父"的海顿到伦敦举办演奏会，路过波恩。波恩的歌德斯堡准备举办一场
盛大的欢迎宴会，以欢迎海顿的到来。由于贝多芬是波恩宫廷歌剧院的风
琴手，因而也被邀请参加了。这样一来，贝多芬就有机会与伟大的音乐家
海顿见面了。

当华尔特斯坦公爵向海顿介绍贝多芬后，海顿的态度很和蔼，就像一
位慈父一样。他拉着贝多芬的手说：

"路德维希·凡·贝多芬，你曾经到过维也纳是吧？我听说你亲自去拜访过莫扎特，接受过他的指导，当时我还听到了各方面对你的评价。不过，碰巧那个时候我不在维也纳，所以没能见到你，很遗憾。我常常想，你到底是个什么样的人物呢？现在，就请你把你的大作拿出来让我看看吧。"

贝多芬真是感动极了，想不到鼎鼎大名的海顿居然这般看重自己，因此他很快将自己创作的乐曲拿出来给海顿看。

海顿很高兴地把贝多芬的乐曲看了一遍，然后说：

"写得真是不错。如果你就这样被埋没在波恩实在是太可惜了，你应该到维也纳去，只有那里才能实现你的理想。"

华尔特斯坦公爵也表示：

"我也正打算向选帝侯请求，希望能够拿出一笔学费帮助他。"

"那么就请您尽力争取吧，我也会尽力帮助他，他会成为举世闻名的音乐家的。"海顿这样请求。

这时，一直在旁边没有说话的选帝侯将视线转移到贝多芬身上，说：

"那么好吧，我给他学费就是了。"

虽然选帝侯的话说得轻描淡写，但无疑，他已经答应资助贝多芬了。

有了海顿的承诺，再加上选帝侯的资助，贝多芬终于有机会去维也纳了。

事实上，年轻的贝多芬在波恩拥有不少身份显赫的朋友。而且，皇帝弗朗兹对他的天赋和才华也十分欣赏。在宫廷中，华尔特斯坦公爵是最为维护贝多芬利益的，他经常给予贝多芬许多帮助，并经常送钱给他。华尔特斯坦公爵虽然是一名奥地利人，但与皇帝弗朗兹的关系极为密切，因此，贝多芬在宫廷中的地位也颇为显贵。

1792年，当贝多芬准备去维也纳时，华尔特斯坦公爵又请求皇帝弗朗兹允许贝多芬不因为离开职位而停发薪金，这就更进一步帮助了经济拮据的贝多芬，使他在维也纳生活期间不至于因为举目无亲而受冻挨饿。

这一年的11月初，22岁的贝多芬离开波恩，动身前往维也纳。这一次前往，与上次去维也纳已经相距整整5年了。

可是，贝多芬做梦都没有想到的是，这一次离开家乡，居然是与这个横在莱茵河边、包围在青山绿水中的波恩的永别。

（二）

雄伟宏大的维也纳，对于一个波恩小镇的市民来说，是何等的辉煌、壮观啊！

帝王宫廷、国家图书馆、大学校园、宽敞的广场，比起莱茵河畔的景致，这里自然是另外一种风格。圣·司蒂芬大教堂美丽的塔尖如同一位傲视群雄的巨人——它真是一座了不起的建筑，与科隆大教堂一样，高耸入云。

到达维也纳市，眼前的一切都让贝多芬感到新鲜而充满活力。

为了省钱，贝多芬在郊外一条肮脏的街道上租了一个顶楼的房间住了下来。这里虽然十分残破，但站在房间里，却能够俯瞰整个维也纳城，这让贝多芬感到十分惬意。

在维也纳这么一个音乐家云集的地方，波恩的名音乐家贝多芬刚开始并没有受到重视。这样一来，他就只能尽力缩减开支，然后拼命找机会给贵族们弹钢琴维持日常生活。

这时，贝多芬穿的衣服都是旧的，脸上还长满了青春痘，围巾也很老旧，而且十分不搭调，这使他显得非常寒酸。

但是，贝多芬却不以自己穿着廉价的衣服和讲一口土气的莱茵话而感到自卑，因为他的内心隐藏着巨大的音乐灵魂。为此，他在一些贵族面前总是能够表达得很流畅，并能自信地出入这些显贵的家庭，这也令人们对他产生了兴趣和好感。

不久，贝多芬就结识了喜爱音乐的李赫诺夫斯基侯爵一家。看到贝多芬的住所那么简陋，侯爵就将家中一个豪华的房间安排给贝多芬住，还吩咐仆人说：

"我的房间和贝多芬的房间如果同时叫人，你们要先到贝多芬的房间去服务。"

由此可见，侯爵对于贝多芬是多么尊敬。

侯爵十分喜欢音乐，而且还是个音乐鉴赏家。他自己也会弹钢琴，并且相当欣赏贝多芬的才华。他经常邀请一些显贵来家中一起听贝多芬演奏。这样一来，贝多芬的生活状况也渐渐得到了改善。

贝多芬到维也纳还不到一个月，他的父亲约翰就去世了。

约翰是在1792年12月18日因脑出血去世的，弗朗兹皇帝的信札中记载了这件事：

"因为贝多芬的离去，父亲的酒钱再也没有着落，所以，他便在抑郁中亡故。"

后来，贝多芬便向波恩宫廷请求，希望可以支领父亲的薪水。于是，贝多芬被允许每月领取一部分父亲的薪水。

但到了1793年5月24日，贝多芬收到补发的薪水后，就再也没有领取薪水的记录了。这可能是因为宫廷主动停发了约翰的薪水，也可能是由于战争导致财政困难而无法发薪。

于是，贝多芬只好依靠自己的收入和维也纳朋友的善意资助，才得以生活下来。

后来，波恩当局曾警告过贝多芬，如果他继续留在维也纳，连他的薪水都会停发。于是不久后，贝多芬的薪水也停发了，他只好完全依靠自己生活了。

由于父亲去世了，不久之后，贝多芬的两个弟弟——卡尔和小约翰也来到维也纳。但是，他们并没有生活在哥哥身边，而是一起在外面找工作维持生活。

后来，小约翰当上了药剂师，卡尔则有着如同兄长一样的愿望，一心一意想成为音乐家。

在韦格勒看来，贝多芬三兄弟那时还算过得下去，而贝多芬的穿着也比较入时，与两个弟弟相处得也很和睦，他的住所与城里的房舍没有太大的区别。这时，贝多芬已经搬到李赫诺夫斯基侯爵的住宅中了。

（三）

在维也纳，音乐会是从来不会间断的，这也为好学的贝多芬提供了许多积累经验的好机会。

当时的歌剧演出，通常都是豪华而声势浩大的。公开的音乐会虽然少，但私家的音乐会却到处都是。每一座大厦当中，都有一些与音乐有关的陈设。即便是一个男仆或一位听差，只要会拉四弦琴或吹笛子，就有可能被派去参加一些简单的音乐演出。

一些有钱的显贵们，家中通常都会雇30人以上的乐队。如果想扩大队伍，只要到邻家随便叫来几个人，一场交响乐音乐会或宗教音乐会便能举行了。如果能够找到8个人，那么就可以举行一场用管弦乐器演奏的八重奏午餐音乐会了。当然，三四个人也行，那样就是一场轻松的、不拘形式的三重奏或四重奏……如此广泛的音乐活动，也形成了许多小型的音乐组织。

随着名声的远播，维也纳的贵族们为贝多芬提供了必要的生活来源以及音乐方面的许多经验和足够的成长条件。另外，李赫诺夫斯基侯爵还给了他一个每年可以赚600弗洛林的职位。

为了报答他们，贝多芬创作了大量的乐曲，甚至远远超出他们的要求。这似乎也成为贝多芬一生的义务了。

与此同时，民众也都在关注着贝多芬的生活和成长。他们对他的尊敬以及他那罕见的音乐才能，令他的社会地位明显地提高。

贝多芬发现，在他到来之前，已经有人提前为维也纳民众对音乐的热爱和对音乐家的尊重铺平了道路，先驱者就是莫扎特和海顿这两位天才。在这里，音乐氛围的形成已经超过了其他的世俗观念，甚至已经达到了一种狂热的程度，类似于对宗教和荣誉的崇拜。

维也纳这种对音乐的狂热喜爱与追求，令贝多芬滋生了一种特别的感觉，把他的性格改变得十分平和、温顺，使他放弃了粗鲁和勃然大怒的坏习惯。当然，他也没有理由再像以前那样任性地发脾气，因为他已经被众人的尊重和崇拜所包围，各方面的发展都很顺利。

所有事情都在按照贝多芬的意愿发展下去，他充分享受到了音乐给他带来的便利与荣誉，既能演奏又能创作，还能够执教培育新人。

起初，贝多芬是以一个钢琴家的身份而出名的，但不久之后，他就以一个作曲家的姿态出现了。他最初在维也纳所写的作品，也于1795年问世。

几年后，他的几部早期作品，如《爱德莱德》（后来编列为作品46号）、作品13号《悲怆奏鸣曲》以及许多组变奏曲等，都十分畅销。从此，音乐出版者都竞相出高价来预定他的作品。

贝多芬在1796年2月写信给他的弟弟小约翰时说：

"我的艺术替我赢得了朋友与声誉，除此之外，我还能有什么要求呢？这一次我一定会赚更多的钱。"

这个时期，贝多芬深受贵族们的眷顾，而且他所受到的宠幸可谓与日俱增。尤其是李赫诺夫斯基侯爵一家，就像是一个朋友或兄弟一样对待贝多芬，他们甚至发动整个贵族阶级来支持贝多芬。

但是，贝多芬显然不会完全情愿接受这种过度的关怀和照顾。他说：

　　"他们简直把我当孙子一样来看待。侯爵夫人对我的关怀有时候真是无微不至，就仿佛用一个玻璃罩子把我罩起来一样，免得身份不配的人会碰到我或对着我呼吸。"

　　被人用罩子罩起来，就成了一件被牵动的物品，虽然受到小心的保护和爱惜，但毕竟还是一件物品。而贝多芬更希望能够成为一股主动的势力，来影响外面的世界。不过，贝多芬还是需要再等一段时间，才能够自己解开这种束缚。

　　当然，不论怎么说，贝多芬在维也纳是在逐渐实现着自己的梦想的，而且，由于经常与艺术打交道，贝多芬也已经表现出了较多的绅士风采。他接受公开的喝彩远比他得到的钱财更多，这种赞美的声音也养成了他的自尊。如果他只是单纯地自高自大而缺少必要的素养、气质和技能的话，那么他是永远不可能获得这些光荣与成功的。

　　从维也纳开始，贝多芬已经逐渐走上了一条成功之路。

第六章 即兴钢琴演奏家

　　痛苦能够毁灭人，受苦的人也能把痛苦毁灭。创造就需苦难，苦难是上帝的礼物。

——贝多芬

（一）

　　贝多芬到维也纳仅仅3年，就已经取得了相当不俗的成功。而他去维也纳的目的也十分明确，就是去创造属于他的成功。

　　华尔特斯坦公爵曾经明确地告诉贝多芬，希望他能用不可思议的方法"从海顿手中获得莫扎特的精神"。

　　贝多芬是非常尊敬海顿的，对他也抱有很大的期望。在波恩时，海顿就曾经许诺，会尽力帮助贝多芬学习音乐。因此，贝多芬刚到维也纳，就去拜访海顿，并成为海顿的学生。

　　但是，经过一番纸和笔的交往，贝多芬不久便对海顿失望了，因为海顿虽然是一位德高望重的音乐家，也创作了许多的乐曲，但也有一个怪癖。

　　有一次，贝多芬拿着他刚写的一首协奏曲给海顿看。海顿看完后，对他说：

　　"全曲的创新之处太多，会让人难以接受的。"

　　贝多芬发现，海顿根本就没有认真地看他的作品。如此一来，这位音乐前辈对天赋极高的音乐青年贝多芬来说，就没有多大的意义了。

最初，贝多芬从海顿那里所学的也只是一些小夜曲，又从小夜曲缓慢的乐章逐渐发展到思想上的解放、回旋曲的快速转变。事实上，贝多芬所选择的是行动，而不是纸上谈兵。他从海顿身上所获得东西，是基于友谊上的帮助和艺术上的立场。

贝多芬并没有从老师海顿那里学习作曲，他却成了一个作曲家，而且是一个完美的作曲家。后来贝多芬对人们说："我虽然受教于海顿，但却没有学到什么。"

贝多芬从波恩带来了许多手稿，而他的音乐创作也不按照海顿的步骤走，所以显得十分奇怪。

然而，他的内心还是十分钦佩、甚至可以说是崇拜海顿的。他很清楚，海顿精神上的毅力一天比一天坚强，其音乐表现力也一天比一天丰富。贝多芬迫切地需要海顿指导他学习作曲的所有方法和音乐创作的思想，但是海顿没能满足他的要求。这位伟大的作曲家对贝多芬音乐创作技巧之外的内容是没有任何兴趣的。

也正因为如此，贝多芬也总是拒绝在自己的作品上写上"海顿的学生"字样，尽管这是海顿再三要求的。于是，他们之间也就产生了隔阂。

贝多芬也不再愿意听海顿的课，于是就偷偷到其他的音乐教育家那里学习。

后来，贝多芬又师从约翰·舒乃克学习作曲方法。这样，他就开始了为未来的辉煌大厦和崇高事业奠定基础的工作。

舒乃克在他后来的自传中写道：

次日，我有一项重要的工作要做，就是去拜访一位名叫贝多芬的、尚未成名的音乐大师。他已经充分显露了他的领导地位。在他的写字台上，我看到了他第一课时所学到的东西。但只需粗看一眼就知道，那其中有许多明显的错误。

海顿第二次从伦敦载誉归来后，就开始致力于交响曲的创作；而贝多芬却什么也没做。舒乃克深知贝多芬的个性，便教了一些让他印象更深刻、兴趣更浓厚的东西。

"现在我知道，一定要尽力帮助我所热爱的学生。我愿意加倍地补偿你在海顿那里所没有学到的知识。但我只有一个条件，那就是保密。"

出于一种职业习惯，舒乃克开始教授贝多芬。就这样，贝多芬走上了用自己的智慧和双手写下不朽作品的生命旅程。

贝多芬跟随舒乃克学习了大概一年多的时间，直到舒乃克不再对他有所帮助为止。

1794年1月，舒乃克离开贝多芬去了伦敦，并将贝多芬交给了当时颇具名望的阿尔伯莱赫斯伯格。但他也像海顿一样，对贝多芬的才华和创作能力并不在意，因此贝多芬在他那里所学的内容对日后的音乐生涯也没有太大的益处。尽管如此，贝多芬多少还是在他那里学到了一些柔软音质的运用；否则，他就真是一无所获了。

不论经历怎样的坎坷，贝多芬的音乐事业还是逐渐走上了正轨，尽管之前与海顿之间闹得有些不愉快，但生性率直的贝多芬从未将这些小恩怨记在心上。

有一天，贝多芬听说大家要庆祝老师76岁的诞辰，要举行大型的演奏会时，便跑去申请参加：

"我也要参加，我想替老师祝寿。"

演奏会上，在一种宁静祥和的气氛当中，悠扬的乐曲开始了。随着乐曲的展开，那种汹涌澎湃的激情以及极富想象力的创作便深深地打动了每一位听众。

演出结束后，大家都报以热烈的掌声。贝多芬也被音乐深深地打动了，他快步走上演奏台，跑到老人面前，亲吻老人的手和前额，并由衷地称赞海顿这首乐曲。

艺术消除了师生二人之间的隔阂，海顿也终于理解了贝多芬在艺术上的大胆创新，一老一少终于相互理解了。

在音乐会终场以后，海顿感动地拉着贝多芬的手，说：

"谢谢你，我的贝多芬！"

"今天晚上，你能来简直让我太高兴了！大概今天的演奏会，是我有生之年的最后一次吧！所以，我要将这个送给你作为纪念，你会接受吗？"

说完，海顿叫自己的学生将一幅自己的铜版画交给贝多芬，然后说：

"这是我的老家，是在罗劳村的乡下，我就出生在这样一个用茅草做的简陋房子中。尽管这个家不够体面，但一个人不论活多大的年纪，总会惦记着老家的。这幅铜版画是一直放在我身边的珍贵物品，现在我把它送给你，希望你能够在艺术上有更深的造诣。"

贝多芬感动到了极点，用颤抖的双手将这幅铜版画接了过来。

演奏会结束后，贝多芬一回到家，就赶紧将这幅画挂在墙上，不断地凝视着。此后每每有客人来，他都会将这幅画介绍给客人说：

"你看，这是恩师海顿的老家。这样一个贫苦的农家，竟然会诞生一位那么伟大的人物！"

（二）

起初，维也纳人并不认为贝多芬是个作曲家，但没多久，贝多芬就获得了"即兴钢琴演奏家"的称号。

当时，有一位深受上流社会宠爱的钢琴家听说了贝多芬的称号后，不屑地说：

"让我来跟这个年轻人较量一下吧，我一定要战胜他。"

然而几天以后，他却失望地说：

"他不是人，他是个魔鬼。他的即兴演奏如此完美，没有人能够比得上！"

作为一名钢琴家，贝多芬经常演奏一些协奏曲、奏鸣曲或三重奏等，而大家的注意力更多地集中在他的演奏技巧上。

然而，贝多芬也经常演奏他的降B长调钢琴协奏曲。但他对于第一首用管弦乐伴奏的乐曲并不满意，甚至一直到1801年，在经过了屡次修改后仍然感到有不尽如人意的地方。

随后，贝多芬便开始创作第二首《C大调钢琴协奏曲》（作品第15号），并于1798年首次在普拉格公开演奏。

这首协奏曲在风格上比较接近莫扎特，保留了让管弦乐队进行长时间演奏的习惯。然而，这一曲中号角的运用却是贝多芬有别于莫扎特的一个鲜明的特征。

不久之后，贝多芬又开始创作另一首协奏曲——《C小调钢琴协奏曲》（作品第37号）。这首曲子的首次演奏是在葡萄剧院进行的，由贝多芬自己担任钢琴独奏。

这首宽广而富有感染力的协奏曲也充分显示了贝多芬在音乐艺术及创作技巧上的进步。管弦乐队的大量运用，也让人感受到了作曲家是在拓展其表现力的范围。

1796年，贝多芬又进行了一次音乐旅行，但是也只到了两个城市。

首先到达的是普拉格城，那里的人们热烈地欢迎他，这让贝多芬既意外又感动。随后他又到达了柏林，在普鲁士皇宫进行了数次演出。由于威廉二世是一位提琴家，贝多芬便为他写了两首低音提琴协奏曲，也就是他的第5号作品。

另外，贝多芬还与普鲁士皇帝的大提琴家杜波特进行了合奏。为了纪念这一次成功的合作，皇帝送给作曲者一只金鼻烟盒。

1799年，大众钢琴家萨尔斯堡·约瑟夫·弗凡尔来到维也纳。按照当时的习俗，他需要立即向贝多芬发起挑战。在这次挑战比赛中，兴佳尼德剧院的年轻指挥家西弗拉特担任评判者，并将两人请来对阵。

权贵们也都分成了两大阵营，李赫诺夫斯基侯爵这一边自然是拥护贝多芬的，而惠兹勒男爵的一边则正好相反。

不久后，另一位钢琴家也到了维也纳，他就是约翰·克莱默牧师。

克莱默是生于德国的英国人，也是意大利著名作曲家、钢琴家穆齐奥·克莱门蒂的学生。克莱默的艺术水准要比弗凡尔更高，不久后他也成为欧洲第一流的钢琴家。其演奏水平与贝多芬相比可谓难分伯仲。

但是，克莱默还是十分惊异于贝多芬那精彩而完美的弹奏以及果敢而富于煽动性的想象力。

当然，贝多芬也很尊重克莱默，两人很快就成了要好的朋友，贝多芬还经常向克莱默请教有关音乐方面的知识。

克莱默是个比较注重形式的人，因而也很难接受与贝多芬关系上的突然转变。两人之间还发生过一件趣事：

有一次，克莱默前往贝多芬的住所。刚到门口，他就听见这位新朋友正沉浸在钢琴演奏的佳境之中。克莱默静静地站在室外的走廊上，足足有一个半小时之久，完全听入了迷；末了，他踮起脚尖，轻轻地溜了出去。

（三）

年轻的音乐家贝多芬在维也纳不断地获得精神营养，也不断地在音乐方面有所创新，因而作品颇丰。

来维也纳时，贝多芬带的草稿本都是一些作品的构想，如第1号作品《三首钢琴三重奏》就可能是从波恩带来的；否则，第2号作品《三首奏鸣曲》为何能够来得如此之快？

当贝多芬对某种新学习的东西进行适当的安排之后，就将其写在纸上。1796年，他送给劳欣的一首奏鸣曲就只有两个乐章。

从这一点可以看出，贝多芬那时还没有达到那种自以为是的地步，但我们必须承认，尽管这两个乐章还不够成熟，却也是相当优美而轻松的。

辛姆洛克在波恩从事出版事业，他曾接到过贝多芬所作的几首变奏曲，但直到1795年才在维也纳接到贝多芬的真正的第1号作品，以后也陆续接到了一些。到1798年，他的作品已经增加到第9号了。

后来，贝多芬又将自己的作品交给更多的出版社，他说：

"我有6个或是7个出版商，如果我愿意的话，还可以多选几个。"

贝多芬的这些话无疑是真实的。

而且，贝多芬的乐谱在出版之后，也获得了巨大的成功。其中比较著名的作品有《悲怆奏鸣曲》（作品第13号，别名为《C小调第八钢琴奏鸣曲》；1799年正式出版时，作曲家将其定名为《激情的大奏鸣曲》）、《月光奏鸣曲》（作品第27号，又名《升C小调第十四钢琴奏鸣曲》）、《克鲁采尔奏鸣曲》（作品第47号，别名为《A大调第九小提琴奏鸣曲》）及《C小调钢琴曲协奏曲》（作品第37号）等。

1796年后，贝多芬所作的乐曲中充满了情感的表述。1797年，钢琴和管乐五重奏中就出现了缓慢的乐章。

比如，《田园奏鸣曲》的抒情气氛就十分浓烈，而且富于田园色彩，首末两个乐章更是如此；而慢板则发展得更富于伸缩性——这些作品都掀开了音乐史上新的一页。

贝多芬的不少作品中，都比较明显地带有莫扎特和海顿的风格。之所以如此，是基于对莫扎特和海顿的尊重。对于莫扎特和海顿两人所作的交响曲和四重奏的高度成就，年轻而雄心勃勃的作曲家贝多芬还是心存敬畏的。

莫扎特是个感情极其丰富的人，而且富于音乐创作的经验。他的《G小调交响曲》缓慢的乐章就令人深受感动。而且，莫扎特也像贝多芬一样，对音乐具有极强的判断力，这一点碰巧是海顿所缺少的。

海顿被人们誉为"交响曲之父"。尽管如此，他却从不轻易地越出自己所熟悉的范围一步，有时就像一只驯服的绵羊；有时，他又好像没有了这些缺点，热情高扬起来，比如《惊愕交响曲》（作品第94号）和《军队交响曲》（作品第100号）等，其内心的激情被极富冲击力地表现出来，既令人振奋而又妙趣横生。这可能也是贝多芬日后与海顿直接联系的情感因素。

虽然海顿开始时对贝多芬的创新并不认可，但贝多芬却从没有失去对海顿的崇拜，也没有放弃主要乐章的创作形式，甚至日后他还以丰富的想象力，大大地拓展了范围。他那极为熟练的技巧以及新颖的特点，都充分显示出他的与众不同。而他的作曲也步入了新的道路，各种乐器已经有了固定的任务，颤声的弹奏已不再只是作为装饰了，它可以支持整部乐曲；愉快的音乐旋律在乐曲中也占据了极为重要的角色。有了这些新特色，旧的东西就被淘汰了。

除此之外，人们还感觉到，在贝多芬的乐曲当中，有一种理想化的、感情上的经验比音乐更明确。因此，他的一些比较重要的作品也被人们描述为直接的、纯洁的、崇高的、诱人的、自然的、可爱的和自由的。

有一天，贝多芬与歌德一起在德皇行宫大道上散步，忽见迎面走来皇后、太子及皇族贵戚一行。歌德便拉着贝多芬同他恭立路旁以便行礼。贝多芬却要歌德继续散步，歌德不敢，贝多芬就独自泰然前行。在看清对方面貌时，皇后忽然惊呼"贝多芬！贝多芬！"，接着与太子、贵戚们分开到路边，让出路来，并向贝多芬点头致意。等歌德行礼后赶上来时，贝多芬怪歌德不信自己的话，说皇后和太子是俗世的贵人，而他与歌德是具有伟大精神及高贵灵魂的人，因此皇后和太子当然应该向他们敬礼才对。

第七章　悲伤的爱情

我的箴言始终是：无日不动笔；如果我有时让艺术之神瞌
睡，也只为要使它醒后更兴奋。

——贝多芬

（一）

在维也纳的第一年中，贝多芬因为没有得到女性的崇拜而感到不满。
贝多芬的朋友蓝兹在回忆中写道：

贝多芬随时都在准备接受任何一个女性对自己表示的崇敬。有一
次，我与他谈及征服一个漂亮女人的事，他认为自己可以维特一段很
长的时间，而事实上，却只维持了7个月。

对于贝多芬来说，他宁可没有一个听众，也不愿意一个漂亮的女孩子
只肯为他付出一半的爱。他经常会用一种缓和的慢板音乐来表达自己的某
种情绪和感受，他的感情要比他的心愿清晰得多。

当时，有一位名叫伯佩拉·凯格丽威克丝的匈牙利公爵夫人，漂亮动
人。贝多芬曾为她写了两首曲子——《降E大调奏鸣曲》（作品第7号）和
《C大调钢琴协奏曲》（作品第15号），赠送给她。

还有一位名叫茜丽莎的姑娘，是奥地利皇帝最宠爱的妹妹，她个性温

顺、稳重。18岁时，她的父皇就去世了。从小，她就爱好音乐、诗歌和文学，而母亲又对她的进步十分关心。

1799年5月，母亲将茜丽莎姐妹和两位兄弟送到维也纳，他们住在一家很大的旅馆中。这一年，茜丽莎刚刚24岁。她和她的兄弟姐妹都是音乐爱好者。特别是两个年长的姐姐约瑟芬和泰茜都是钢琴家，她们的演奏才能在维也纳也得到了极好的证明。

当她们听说了有关贝多芬的许多逸闻后，都十分感兴趣。但是，贝多芬却不是那种公爵夫人一招即来的音乐大师。

于是，遵照公爵夫人的旨意，三姐妹便召开了一个小型的音乐会，茜丽莎、约瑟芬和泰茜都选了贝多芬创作的一个曲子，并且边走边演奏着进入了音乐厅。

"像一个小孩刚开始学习似的，"茜丽莎这样写道，"亲爱的、伟大的贝多芬先生是多么友好啊！他如此彬彬有礼地听着。过了一会儿，他将我带到钢琴面前，我立刻开始弹奏，弹得非常猛烈，由大提琴和小提琴伴奏着……"

贝多芬很高兴地与这几位年轻而漂亮的匈牙利小姐交往，并且平静地听完了三姐妹演奏的自己创作的三重奏。

"……我们请求他去我们的住所，他用一种很愉快的语调答应了我们，以后每天都到我们住的旅馆去一次。后来，他也履行了自己的诺言。但他时常在我们这儿逗留四五个小时……有一天，已是下午5点了，我们都觉得有些肚子饿了，我们就请他同母亲一起进膳，但旅馆里的人都发脾气了。"

然而，她们在维也纳住的时间很短，而且还要参加各种社交活动，比如去参加舞会、名人的晚宴等等。如果她们去参加那些活动的话，就只能将贝多芬一个人扔在旅馆里了。

这种情形令贝多芬大为不满，狂怒地将乐谱撕成纸片，并抛在地上。

在姐妹们当中，泰茜是比较细心的一个。她发现贝多芬的不满后，就不再跟姐妹们一起外出了，而是留在旅馆里，每天在贝多芬的指导下努力练琴。

除了约瑟芬和泰茜两人最为崇拜贝多芬外，她们的弟弟弗朗兹也是一个热情的崇拜者。他们一家都很喜欢和贝多芬相处，而贝多芬也对这个家庭充满了热爱。他们之间的关系日益亲密起来，一年后，约瑟芬和贝多芬一齐坠入了爱情的世界。

约瑟芬是个美丽动人，而且很有才气的女孩子，让贝多芬很是倾慕。然而在1800年，母亲要将约瑟芬嫁给时年已经50岁的冯·丹姆伯爵。

这个决定让约瑟芬和贝多芬都非常痛苦。约瑟芬知道自己与伯爵根本毫无情感可言，内心中意的是贝多芬。因而，她的眼中也流露出无可奈何和对贝多芬的恋恋不舍。

但是母亲的命令不能违抗，不久，约瑟芬就出嫁了，这让贝多芬也难过了好一阵子。

婚后的约瑟芬一直都处于怀孕和生产的状态。3年后，她的丈夫去世了，她到乡下拉扯着4个孩子。5年后，她再次嫁给了一位伯爵。

约瑟芬嫁人后，贝多芬有段时间与茜丽莎走得比较近，两个人经常一起参加共和社。但两人最终也未能走进婚姻殿堂。而且奇怪的是，茜丽莎终身都未曾嫁人。这里一定有着不为人知的故事。

（二）

就在1800年的年底，吉利达·格茜阿蒂又闯入了贝多芬的生活。

当时，吉利达只有16岁。这年年底，她第一次来到维也纳，经她的堂兄冯·勃朗斯维克介绍，与贝多芬相识了。

在贝多芬看来，吉利达是一个颇令人心醉却训练有素的"小姑娘"：

娇嫩而俊美的外表、细长而卷曲的黑发，性格温顺。吉利达也是第一个引起贝多芬真正注意的女性。她们一家人到维也纳后，就住在祖先留在这里的一座匈牙利式别墅里。贝多芬只要一有空，就会到别墅去拜访她们。

虽然此时贝多芬与吉利达的两个姐姐茜丽莎和约瑟芬相处得也很融洽，茜丽莎的外表也很悦目动人，但却有点驼背，美中不足。约瑟芬也是一个美丽的女孩子，长得娇小玲珑，让人产生一种亲密的快慰之感，但贝多芬觉得她还是不能与美丽的吉利达相提并论。

贝多芬被吉利达的美丽吸引住了，虽然他新收的几个女学生都深深地爱着他，但吉利达的美却是约瑟芬和茜丽莎等女孩所没有的。

于是，贝多芬勇敢地向吉利达献出了自己的爱情。

虽然贝多芬相貌平平，但音乐才华横溢，内心世界丰富，吉利达也对他很有好感。不久，两人就双双坠入爱河，两年的热恋也让贝多芬享受到了人生中少有的幸福。

1801年11月，贝多芬在写给好友韦格勒的信中泄露了自己沉浸在爱河中的秘密，这就是关于吉利达的内容：

> 我的生命又显得快乐了，更为充实……因为我混入了社会，这个变化是一个可爱的、富于魅力的女孩子带给我的；她爱我，我也爱她。

为了表达自己的爱情，贝多芬在1802年为吉利达写了一首曲子，即《升C小调奏鸣曲》，也就是我们所熟悉的《月光奏鸣曲》。本来贝多芬是准备献给吉利达一首G调慢板曲的，但后来又收了回来，换成了这首。

这首曲子又被称为《升C小调第十四钢琴奏鸣曲》，其优美的旋律有如轻舟荡漾在月夜的琉森湖上，令人陶醉。

在贝多芬看来，结婚应该是一条"快乐的道路"，然而他却没能实现自己的这个理想，因为吉利达并不是他生命当中所应该得到的。因为在1803年，吉利达就遇到了加仑布伯爵，并立刻将贝多芬抛在脑后了。

这一年，吉利达嫁给了伯爵。伯爵的年龄和地位都与她相称，而他又自称为音乐家、作曲家。当然，他的成就与贝多芬是没有办法相提并论的。

在吉利达举行婚礼的那天晚上，贝多芬十分难过，并写下了如此悲伤的句子：

"啊！这是生命中多么可怕的时刻！但我却不得不接受它！"

吉利达虽然结婚了，但这场婚姻却并不幸福。1823年，贝多芬在与辛德勒的交谈中还谈及：

"吉利达其实是非常爱我的，甚至超过了对她丈夫的爱。"

辛德勒写道："他显然不是故意谈及这些的。"

不久之后，吉利达又回到了贝多芬的身边，向他倾诉、哭泣，但贝多芬拒绝了她。

贝多芬去世后，人们找到了一块刻有吉利达肖像的金牌，这是贝多芬一生当中所保存的仅有的一幅女性画像。

这表明，在贝多芬的心目中，吉利达是一位非常可爱的女人，她的美丽也深深地扎根在贝多芬的脑海中。

第八章 厄运袭来

> 我要扼住命运的咽喉，它妄想使我屈服，这绝对办不
> 到。——生活这样美好，活它一辈子吧！
>
> ——贝多芬

（一）

在维也纳的几年，贝多芬可谓是声名鹊起。然而，残酷的病魔却已经悄悄地降临到贝多芬头上了。就在贝多芬向着自己所向往的音乐艺术的"珠穆朗玛峰"不懈地攀登时，他遭遇了常人难以承受的可怕考验——他的耳朵聋了。

其实早在1796年，贝多芬的听力就已经有衰退的征兆了，那时他才只有26岁。一个献身于音乐艺术世界的人，怎么可以没有听觉呢？听觉对一个音乐家来说，简直就是他的生命，就如同眼睛对一个画家一样不可或缺。

可是，命运对贝多芬偏偏就是这样不公平。在贝多芬不算长的57年光辉岁月当中，耳聋的困扰伴随了他人生的大半个创作生涯。

当贝多芬发现自己的听力有所下降后，他并没有太在意，因此起初他从未跟别人谈起过这些，除了在法兰克和梵令医生面前。另一个原因可能是由于洗冷水浴造成的，因为改用热水浴之后，情形有所改变。偶尔，当乐器较低的声音在隔一段距离处时，他就听不清楚了；随后，他的听觉又

可能会恢复正常。

过了好长一段时间，朋友们才渐渐发现了贝多芬的耳疾。但大家都觉得他颇为健康，所以也都没有在意。

贝多芬每次去看医生时，总是秘密地独自前往。当医生对他日趋严重的耳疾表示担忧，并告诉他，这种疾病治愈的可能性不大时，贝多芬才开始深感烦恼与痛苦。

后来，贝多芬又求助了几个医生，但都没能为他带来任何好消息。这时的贝多芬，不仅为失去恋人吉利达而痛苦，更被可能失聪的恐惧所折磨。

在绝望之中，贝多芬想到了大自然。也许从那里，才能汲取继续活下去的勇气和力量。

在维也纳郊外的森林中，大自然给了贝多芬力量。当看到那些生机勃勃的树木和青翠的绿草时，贝多芬都能感受到一种巨大的力量在身体中流动。

"难道，我就要这样聋着直到终老，平淡地死去吗？"

这时，贝多芬又想起了莱茵河，那条永远奔流不息、充满生机的大河，它让贝多芬的心中也充满了力量。

"不，我不能这样麻木下去，也许我还能做更多的事情！"

正当贝多芬陷入人生的低谷时，医生劝慰他说：

"我看，您最好抛开一切，到幽静的乡间去静养。你的身心已经疲惫到极点了。"

贝多芬也觉得，繁闹的维也纳对自己的病情的确没什么好处，于是接受了医生的建议，决定到海利根施特镇去静养。

来到海利根施特镇后，贝多芬想将一切对音乐的思念都断绝。但是，他内在的音乐力量却是如此的激荡和冲动。而且在这里过了很长的时间，他的耳聋依然没有好转，他终于承受不了这个打击了。

贝多芬最先将这一不幸的消息告诉了卡尔兰特的卡尔·阿蒙达，这是一位贝多芬十分信任的仁慈的牧师。尽管如此，他还是没有完全告诉阿蒙达自己的全部情形。

在1801年春季写给阿蒙达的信中，贝多芬写道：

> ……我时常将自己的思想建筑在我所最忠诚的朋友上。是的，有两个人占据了我全部的爱，其中一个人仍生存在这个世界上，你是第三人，也是我慎重选择的。

占有贝多芬"全部的爱"的两个人，其中一人无疑是蓝兹·冯·勃朗宁——他已在两年前去世；另一个人就是韦格勒·兰兹。

两个月后，贝多芬在另一封信里向阿蒙达倾吐了自己的心中之言。

6月1日，他在给阿蒙达的信中写道：

> 我是多么希望常跟你在一起。因为你的贝多芬在不快乐地生活着，终日与大自然的造物者争吵不休，尤其该诅咒的是它加在我身上的不幸。它可以折断和毁灭一朵最美丽的花朵。
>
> 你知道，我最可贵的财富——我的听觉，现在已受到极大的损害。当你和我在一起的时候，我已患上严重的炎症，但我仍旧保持着沉默；现在，病情日甚一日的严重，它能否医治已经成了一个问题，听说这个病与我的内脏有关，我若能恢复健康，那么，这病也会消失。我当然十二分地希望重新恢复我的听觉，但我又常常怀疑这病实质上是不能治好的……
>
> 呵，假使我能够恢复我的听觉，那我将会多么快乐啊！我要告诉你的是，我也许将不得不与音乐事业绝缘，我生命中最灿烂的一页将随之消逝。我再也顾不到自己的天才和力量了，我一定得忍受惨痛的

遭遇，尽管我已排除了不少的障碍，但这并不够。

是的，阿蒙达，如果在6个月之内，我的疾病不能治愈的话，我就会到你那里去。你一定得放弃一切和我在一起。你一定是我的良伴，我知道幸福不会丢弃我，我还可以做些什么呢？

自从你离开之后，我写了各式各样的音乐作品，除了歌剧和宗教音乐之外。你不能拒绝我，应帮助你的朋友分担一部分痛苦。我接到了你写的所有信件，虽然我给你的回信甚少，但我经常将你放在我的心上，永久地。我恳求你保守这个秘密——关于我耳聋的事情，不论是谁，请不要告诉他！

再会，我亲爱而忠诚的朋友，若你要我为你做些什么，请告诉我。

你诚恳而忠实的朋友

路德维希·凡·贝多芬

贝多芬既有强烈的自立精神，又有无望的意念，这是很奇怪的。谁与他亲近，谁就要同他住在一起、站在他的旁边。他只需要单纯的友情。

（二）

让贝多芬感到无比痛苦的不仅仅是耳疾带来的不幸，而是如此巨大的病痛居然无法向人倾诉。每当贝多芬想要告诉朋友，让朋友一起分担他的痛苦时，他都会没有勇气。他害怕自己耳聋的消息传出去，会中断自己一直不懈追求的音乐生涯。

然而，病痛的折磨让贝多芬无法忍受那种孤独和压抑，他终于忍不住向他的挚友韦格勒写信倾诉了痛苦：

……我的身体的确是强健、完好的，只是耳朵中常嗡嗡作响，夜以继日；我有时觉得我是在度着残破的生命，这种情况持续两年了。我避开了社会上的一切集会，因为不能让别人知道我已经快要聋了。假若我是干别的职业，那就无所谓了。在我们这个行当中，耳聋是可怕的事情；更为恼人的是我的仇敌不在少数，他们将说些什么？

……我常常诅咒我的命运，可能的话，我要向命运挑战！虽然我的时间可能不长了——如果我的情况继续恶化下去，我将在明年春天到你那里去，你可以在乡村中美丽的地方为我租一所房子。过半年，我要变成一个农夫。这也许有助于改变我的身体状况。放弃职业，多么破碎的庇护所！恐怕那仅仅是对我而言。

刚刚遭遇失恋的痛苦，现在又突遭耳聋的不幸，贝多芬觉得，这个世界的确有点太缺乏温情了，而他也得不到任何的帮助，所能面对的只会是一个孤独而寂静的世界。

收到贝多芬的信后，韦格勒非常难过，但他没有把这个消息告诉任何人。

11月16日，贝多芬又给韦格勒写了一封信，通报了自己的病情：

自从我降临人世，我就体会到了人生的乐趣。但你很难知道，在过去的两年中，我的生活是如何的孤独和凄凉。我这变坏的听觉就像一个魔鬼一样，到处追逐着我；我从人类中逃避开来，宛如一个厌世者……

渐渐地，贝多芬学会了如何去接受痛苦的现实。而且突如其来的灾难，也让贝多芬不得不学着应付眼前的生活。

即便是耳疾没有得到很好的治疗，贝多芬仍然没有钻出音乐的圈子。他的朋友获悉他的情况后，时常来看望他。弗朗兹·兰兹也时常到海林根城来。8点钟吃过早餐以后，兰兹便会说：

"来，让我们作一次简短的散步。"

对此，兰兹还有详尽的记述：

"我们一同走，时常到下午三四点钟还不回家，而在别的村庄里吃午餐。在某一天的散步中，我第一次证实了他失去了听觉。我叫他注意，因为有个牧童正在吹笛，而且吹得很动听；但过了半个小时之久，贝多芬却一点也没有听见。虽然我保证他和我一样（事实上并非如此），他变得非常生气。平时，他快乐的时候也是暴躁的，但现在却不是那样了。"

西法拉特·柴姆斯加尔在这一年中也经常见到贝多芬，也知道他失去了听力，并常常表现出静静的愠怒。

当贝多芬跟不上朋友们的谈话时，柴姆斯加尔会假装成一幅心不在焉的样子，但这并不能让贝多芬好过一些。因为大家发现，要装作不知道、不在乎是十分困难的。

朋友们之间的谈笑也更加刺痛了贝多芬，加深了贝多芬的失望。因为他不能加入到众人的交谈当中，这让他沉浸在一种可怕的思绪当中：世界上的一切都是虚伪的。

于是，他愤怒地离开了谈笑的友人，回到海林根城的家里去了。

即便是耳朵聋了，但贝多芬大脑中音乐的思维反而比从前更加丰富了。这种具有极大冲动的力量也让他产生了战胜命运的信心，贝多芬为自己所独有的这种力量而感到庆幸。

于是，贝多芬又写信给韦格勒和阿蒙达，告诉他们，自己的音乐是从各方面聚合起来的，它给了自己荣誉和地位。在给韦格勒的信中说，他说：

我是生活在乐曲之上的。当我作完一曲，另一支曲子就会立刻在我的脑海中出现了。我现在经常能同时作三四首曲子。

（三）

1802年的夏天，贝多芬的大部分时间都用在演奏和音乐创作上。有时欢乐，有时暴怒，但大部分时间内，他的精神都是很好的。

那一年夏天，贝多芬的身体状况与以前也迥然不同。当秋季来临时，在海林根城，那可怕的、难以形容的情形就降临了。他在夏季的工作计划可以说全部完成了，但维也纳的快乐时光也仿佛一去不复返了，将来的生活该怎样应付？没人能够知道。

经过一番思考后，贝多芬感觉自己的理想和誓言已经不太明确了。因此，他也更加愤恨命运对他的残酷和不公。

贝多芬呆呆地坐着钢琴旁，眼前放着他刚刚写了一半的第10号钢琴奏鸣曲。他照着曲谱，在钢琴上弹奏几下，耳朵却怎样也听不见那美妙的乐声了，能听见的，只有仿佛爆炸似的轰鸣……一种让人讨厌得发疯的声音，在连续地敲打着他那沉闷的听觉。

贝多芬颓然地用拳头猛地捶在钢琴上，疯狂地大喊着：

"完了！我的一切都完了！"

贝多芬实在无法忍受这种痛苦的折磨，于是，他想到了结束自己的生命。

他坐在桌边，提起笔来，给自己的两个弟弟写下了举世闻名的"海利根施特遗嘱"：

在我去世以后才可拆阅：你们或许都会这样想、或这样说，贝多芬是可恶的、顽固的、厌世的。你们把我估计得大错特错了。你们不知道我的观点不轻易示人的原因。

……

假若我又回到家中居住，请你们原谅我；而我将很快乐地跟你们生活在一起。我的不幸遭遇中最使我感到加倍痛苦的，就是我走上了一条不了解世事的路；不可能有朋友和我重归于好了，没有适宜的交谈，没有思想上的交流，在社会上我没有存在的必要了；我生活得有如一个逃亡者，若我走近一个人的身边，恐怖立即占据我的整个身心——这就是我在上半年避入乡间的原因。

……

又致卡尔弟弟：我特别感谢你后来为我做的事，我希望你的生活比我更好、更自由。善良地照顾你的孩子，单是他就可以给你带来快乐，而不是金钱，我的这句话，是从经验中获得的。我的孤独也是无可奈何的。

再会，请向别人表示我的谢意！我感谢我所有的朋友……如果我在墓中仍能帮助你们的话，我将是多么快乐啊！我即将很快步入死亡之路，但它于我而言仍是来得太早。不管我的命运如何，我还是希望死亡来得迟一些，虽然事实上是不可能的，但我仍然能忍耐，忍耐能否让我从不尽的痛苦中解放出来？假设痛苦要来的话，我将勇敢地抵御它们（无尽的痛苦）。再会，在我死后，不要忘记了我，我恳求你这点，因为我活着的时候，总是想让你快乐。就这样吧。

路德维希·凡·贝多芬

海林根城

1802年10月6日

写完遗嘱后，贝多芬回想起自己三十多年来拼命奋斗的历程，禁不住热泪盈眶，难道这么多年的心血就白费了吗？难道就这样半途而废，绝望地死去吗？

这时，他忽然想起了病逝的母亲。母亲在生病时，看着他就会露出笑容。不，我不能就这样绝望地死去，为了母亲这么多年殷切的希望，我应该继续活下去，更加努力地活下去。我必须克服所有的苦难，扼住命运的喉咙，它休想让我屈服！

终于，一股强大的力量从贝多芬的心灵深处升起，战胜了他的绝望和恐惧。贝多芬又一次对自己充满了信心。

贝多芬收起了自己刚刚写好的这份"遗嘱"，将它放在文件的最底层。

尽管贝多芬的精神生活（恋爱）、物质生活及身体状况都十分糟糕，但他仍然坚强地生活着，并没有因为这些痛苦而倒下。在写下这份遗嘱后，他又继续生活了25年。

在海林根城的夏天，贝多芬其实在音乐方面做了很多工作，他的记事册上写着：三首钢琴奏鸣曲（作品第31号）、三首小提琴奏鸣曲（作品第30号）、变奏曲。更为重要的是，《第二交响曲》也是在这里完成的。

夏天很快就过去了，秋天悄悄地来临了。贝多芬将自己所写的"遗嘱"封存起来，将一切悲伤的情绪都掩埋在其中。

11月份，贝多芬回到了维也纳，开始再次周旋于音乐与朋友之间。在维也纳，他继续教授音乐课程，接受各处的演出邀请。

此时的贝多芬，仿佛经过了一次极大的转变，从灵魂中、躯体内释放出新鲜的生命力量。外来的灾难带给了他内在的力量，一种崭新的、坚定的表现手法、深刻明朗的变化出现在他的作品当中。

贝多芬对于自己这些内在的新生力量也感到惊喜和自信，他忽然产生了一种强烈的使命感——去获取人类精神中最为崇高的东西。因为以前的灾难，已经让他获得了一种无敌的力量。此后，无论再遭遇什么艰难困苦，都无法将他打倒，因为他已经学会了"如何去征服命运"。

→ 　　贝多芬一生没有结婚，但他却恋爱过很多次，并向人求过婚。但是很多次他都被拒绝了，因为贝多芬"太丑了"。他经常用音乐向她们倾诉他的心情，但她们都是接受他的音乐而拒绝他的爱。

第九章　英雄时代的来临

> 友谊永远不能成为一种交易；相反，它需要最彻底的无利害观念。

> ——贝多芬

（一）

　　关于贝多芬耳聋的病历，值得一提。根据医学检验的报告，他的听觉神经都萎缩了，而附近的动脉却异常膨胀，比乌鸦的羽毛管都要粗。医学专家们的诊断结果也不一样，有人认为是耳膜硬化，也有人认为是一种内耳疾病，还有人认为是中耳炎。

　　贝多芬的听觉困难最早出现于1796年，而最严重的症状是出现在1798年或1799年。在1801年到1802年这两年当中，贝多芬的耳疾没有恶化，只是有间歇性的耳鸣现象以及耳朵经常听到其他噪音的干扰。这也令他局部丧失了辨识高频率的能力，并且突然的响声还会让他感到不快或者痛苦。

　　有一项报导说，贝多芬在1804年预演《英雄交响曲》的时候，已经很难听清楚管乐器的声音了。但是，贝多芬那时还没有到达残疾的地步。

　　1805年，他指挥《费黛里奥》的预演以及在1808年提醒演奏者注意细微的变化，说明他的听觉还是比较敏锐的。而到了1810年前后，他已经不能在音乐会上作钢琴独奏了。到1814年，贝多芬的听力已经相当微弱，只能勉强参加作品第97号《大主教三重奏》的演出。

贝多芬的耳疾在1812年以后才真正严重起来，因为那时大家发现，在与他说话时一定要大声地喊叫才行。到了1817年，他的耳聋已经极其严重，不能听到任何音乐了。1816年前后，贝多芬开始使用一种助听器。1818年的时候，《谈话录》已经成为他生活的必需。

由于逐渐与外界断绝声音的接触，贝多芬自然也会产生一种被隔绝的痛苦，因此出现了厌世、猜疑等倾向。

但是，耳聋在他的创作活动中却扮演了一个积极的角色。耳聋不但没有妨碍，反而还增强了他作为一个作曲家的创作能力。也许因为这种情况减少了贝多芬在钢琴演奏方面发挥的机会；也许是由于他有听觉障碍，处于日益孤立的世界中才得以完全将精力灌注在作品之上。

在他无声的世界中，贝多芬可以实验各种新的经验形式，而不再受到外界环境的干扰，也不再受物质世界种种条件的限制。

他就像一个做梦的人一样自由，可以将现实的素材一再地重新结合以迎合他自己的愿望，因而也形成了他以前想不到的形式和结构。

在1816年，贝多芬在一张草稿纸上写道："只生活在你的艺术当中！"可见，他内心的空虚已经被音乐所填补了。他还曾经向阿蒙打牧师说了一句令人吃惊的话：

"当我在演奏与作曲的时候，我的病痛一点儿也不妨碍我。只有当我与人相处的时候，它才会影响我。"

因此，贝多芬的一切痛苦与失败，最后都转变成了胜利和成功。就像亨利·詹姆斯所说的"秘密的创伤"，又如杜斯绥耶夫斯基所说的"神圣的疾病"。他的耳聋，就像是他的茧，而他的《英雄交响曲》风格就是在这个茧里成熟的。

在1802年，贝多芬还痛苦地想要自杀，甚至写好了一份遗嘱。然而到了1810年左右，他在书信中只会偶尔提起耳聋的事情，而且其中有一张便条上写着：

"不要再让耳聋成为一个秘密——即使是在艺术里。"

可见，经过一番痛苦而艰难的挣扎，贝多芬已经能够与他的耳聋和平相处了。

（二）

耳聋不但没有阻碍贝多芬对音乐的追求，反而让他沉溺于一种极度狂欢的状态中，创作热情异常高涨。

然而，到了1804年，贝多芬在与小提琴家克伦福尔兹交流时说：

"我至今都不能满意于自己的作品。从今天起，我要开辟出一条新的道路。"

贝多芬的这句话让克伦福尔兹感到非常惊奇，因为那时贝多芬已经能够纯熟地运用各种乐曲形式了。在1804年4月的公开演出中，他还演奏了已完成的两首交响曲和他新作的《C小调第三钢琴协奏曲》（作品第37号）。

一个月之后，贝多芬又匆忙地完成了一首小提琴奏鸣曲，让从伦敦来的小提琴家波里其塔波尔演奏。那缓慢的乐章一下子就吸引了听众的注意力。

贝多芬所说的"新的道路"，事实上并非是他原来那种固有的光明灿烂的路，而是抓住另外一种新的力量，这种力量反映在他的《英雄交响曲》（作品第55号，又称《第三交响曲》）当中，是那震撼人心的、明朗而迥异的开篇乐章，在无数的号乐中出现了基本的、成功的主题。这种将许多力量突然集中在一起的表达方式，对于贝多芬来说，已等候很久了。

后来，贝多芬在自己的日记中写道：

"我的习惯是从小就养成的。当我想到了什么，就会立刻写下来。"

　　这种习惯也让他找到了许多不同革新的源流，偶尔灵感一至，他就会将主题记入到乐谱薄当中。许多主题就是这样没有继续创作而搁置着，或者经过一年以后，他再写下去。在创作的热潮当中，他终于取得了一次最伟大的成功。

　　因此，从1802年到1812年的这十年，可以说是贝多芬的"英雄年代"，他的音乐创作进入到了成熟期。

　　一直以来，英雄都是人类进步的先驱者，这种形象也一直存在于贝多芬的脑海中。或者，他在战胜苦难的过程中所产生的信心和力量，也让他将自己视为一位力量超凡的英雄。

　　于是在1802年，贝多芬就开始创作这一主题的交响曲。在一定程度上来说，它就好像是贝多芬个人经历的一部自传性史诗；而这种英雄主义则是贝多芬所特有的、历尽万劫而不变的坚毅精神的音乐化表现形式。这一曲目，也标志着贝多芬音乐创作中"英雄年代"的来临。

　　最早时，贝多芬是想将这首曲子奉献给他所崇拜的拿破仑。全曲完成于1804年。那年春季，兰兹看到了放在贝多芬桌上的该曲的原稿，其扉页上写有"波拿巴"的字样。

　　然而一个星期后，贝多芬发现有人在那张曲稿的后面加上了"皇帝"两个字，便愤怒地将扉页一撕为二。而此时，拿破仑称帝之事也已为世人所共知了。

　　贝多芬在知道这个消息后，更是勃然大怒地喊道：

　　"他也不过是一个凡夫俗子罢了！现在，他要践踏一切人民的权利，只顾自己的野心了，他就要高踞于所有人之上做一个暴君了！"

　　于是在8月12日，贝多芬便将《英雄交响曲》的总谱交给白兰特托夫和哈代尔出版。10月，总谱正式发行，题目改为"《英雄交响曲》——为纪念一位伟大的人物而作"。

　　这首曲子是贝多芬的创作生涯当中，也是交响音乐史当中一座伟大的里程碑。它第一次展示了作曲家的英雄主义创作思想。作品的篇幅极其庞大、情绪激昂，音响如同火山爆发一般。

1821年，当拿破仑死于圣赫勒拿荒岛时，贝多芬就说：

"早在17年以前，我的音乐就预示了这个结局。"

他的意思指的是《英雄交响曲》的第二乐章《葬礼进行曲》。

《英雄（第三）交响曲》的伟大意义还在于，它的光辉思想比起《第一交响曲》和《第二交响曲》大大地向前跨出了一步。在第一、第二交响曲当中，贝多芬还只是继承了前辈海顿、莫扎特等人的创作传统风格和思想。而在这首交响曲当中，贝多芬用一种新的形式和音乐思想的概括力量，着重地表现了英雄为争取人类的未来幸福而献出生命的悲剧精神。这样一个具有划时代意义的作品，也标志着贝多芬的创作进入了成熟时期。

贝多芬也将《英雄交响曲》视为他最心爱的产儿。当他已经写出八部交响曲之时，他仍然认为自己最喜爱的还是这部《英雄交响曲》。

（三）

虽然创作《英雄交响曲》用去了贝多芬的很多精力，但各种各样的小作品依然在不断产生。因为自己耳聋的关系，贝多芬一刻都不愿意休息。这也许是他考虑了外界的批评而对自己进行了一番重新调整的缘故。

因此，在这期间，贝多芬陆续写了许多奏鸣曲和一些小作品，但出版商在印刷乐谱时，却经常出现错误，而他们又不进行更改。这使贝多芬非常生气，因为他的手书乐谱是准确的。于是，他写下了严肃批评这些人的话：

"错误之多，宛如海洋之鱼。"

事实上，这是出版商对他的漠不关心，不像贝多芬日后成名后的态度。贝多芬时常向他们提出抗议，索回自己的乐谱进行修改，但有时他也不能如愿以偿。后来，他干脆就称这些人为"狡猾的骗子"。

在这一时期，所有遇到过贝多芬的人都发现他变得十分奇怪：每当他在街上或田野里行走时，他总是毫无表情，而他的双眼却迸发出生命的火光。

他的日常生活也变得毫无规律起来，他的房间经常乱七八糟，并且他还经常搬家，换住所。但不论换到什么地方，屋内都总是乱糟糟的，书本和乐谱撒满了房间的每一个角落，一边放着残菜剩饭和半空的瓶子，另一边则可能是一首四重奏的草稿，钢琴上则放着纸张和碎屑……

这些材料都是贝多芬的一些光辉交响曲的胚胎，而朋友的和生意上的信件则是撒满了房间的地面。

他的朋友兰兹也曾说起，在1804年夏季的一天，他到贝多芬的寓所去听课时，贝多芬希望和他一起散步。

于是，贝多芬就和他年轻的学生一起到外面散步，一直走到极远的地方，而且到晚上8点才回家。他的口中始终都在喃喃自语，又像是在呜咽，忽高忽低的，却没有唱出任何肯定的、明确的主调。兰兹问他那是什么。贝多芬回答说：

"那是我想象中的一首奏鸣曲最后一乐章的主题。"

当贝多芬和兰兹重新回到房间时，贝多芬立刻就跑到钢琴边，连帽子也没来得及摘，就开始狂写起来。兰兹只能一个人拿了一把椅子坐在房间的角落里，贝多芬此时已经完全忘记了他。

整整一个小时，贝多芬都在发狂地写着，完成了那首奏鸣曲的最后一个乐章。

最后，贝多芬站了起来，看到兰兹，似乎有点惊奇，随后又很遗憾地说：

"我今天不能给你上课了，我还有许多其他的工作要做。"

贝多芬所写的这首奏鸣曲，就是《热情奏鸣曲》。它与次年他所作的

《华尔特斯坦奏鸣曲》一样，都获得了很大的成功。

此时的贝多芬，音乐创作已经突破了钢琴本身的限制，他的作品已经令所有的钢琴都不能再弹奏了。那个时候所制造的钢琴，通常只能弹奏轻快而华丽的乐曲。因此没多久，贝多芬就从钢琴制造者安德列·斯特里手中得到了回声和弹性更大的钢琴。

由于这首《热情奏鸣曲》所表现的力量太过强大，本来就是不预备做公开演奏的，因此直至贝多芬去世后12年才公诸于世。

第十章　对歌剧创作的尝试

我的作品一经完成就没有再加修改的习惯。因为我深信部分
的变换足以改易作品的性格。

——贝多芬

（一）

1801年，贝多芬在给好友韦格勒的信中说：

"在各种音乐体裁当中，除了歌剧及宗教音乐之外，自己都获得了
成功。"

因此，他谈到自己的愿望就是一定要尝试着创作歌剧。

1804年，贝多芬终于有了一个尝试创作歌剧的机会。

事实上，贝多芬对歌剧知识的了解是很少的。他曾跟随几个人学习
声学写作以及舞台方面的知识，他自己也在维也纳歌剧院里看到过不少
东西。

当时，歌剧演出很受大众欢迎。但贝多芬觉得，那些人的才能与自己
相差得太远了，因此，贝多芬希望自己能够实现创作歌剧的愿望。维也纳
歌剧班的管事记得，贝多芬曾为芭蕾舞《普罗米修斯》谱曲，演出获得了
巨大成功。他们都认为，贝多芬的名字将会引起大众的注意。

在维也纳，切罗比尼被称为是一位极有才华的歌剧剧作家。到1803

年，切罗比尼已经替巴黎和意大利写了20多年的歌剧了。然而，葡萄剧院的斯卡尼达和班格剧院的布朗男爵惊奇地发现，有一个好机会就放在他们自己的手中。

斯卡尼达对贝多芬说，有一出歌剧可以让他来写，贝多芬很高兴地接受下来，并搬到歌剧院里面去住，以便能够更好地进行创作。剧院专门为贝多芬提供了一间住所，以供他自由使用。

不久，布朗男爵就将该剧院买了下来，斯卡尼达也在这里协助布朗男爵。

从这以后，贝多芬又开始了艰难而持久的搏斗。在创作过程中，他需要运用丰富的音乐思想和乐器的特性，以击败他的对手。

对于贝多芬来说，他已经完成了不平凡的草稿，舞台的情况他也基本熟悉了，但为了在演唱上获得成功，他只能将自己所器重的管弦乐队降到陪奏的位置，并且还需采取18世纪的歌唱方式，要求有逼真的动作和戏剧化的气氛。

贝多芬所创作的第一个剧本是很特别而且愉快的。它是以法国革命为背景，主要讲述了一个反对暴君、争取自由民主的动人故事。

故事的内容大概是：一个名叫弗洛斯坦的人，被他的政敌关入了牢狱。随后，他的妻子里昂诺拉冒着生命的危险，假扮了一名犯人，进入牢狱去营救她的丈夫出狱。

这部剧作出版后，十分畅销，并且有三个版本同时面世。

1804年，贝多芬约请人翻译了该剧本，并将题目更换为《费黛里奥》（又名《夫妇之爱》），并且为两首不同时期所作的序曲题名为《丽奥诺拉序曲》。

在剧本创作过程中，贝多芬并非要刻意营造原文中那种富有浪漫色彩的气氛，他不喜欢那种气氛。因此，他将重点主要用于表现恶势力对这对忠实相爱的夫妇的残酷压迫：可怜的弗洛斯坦在牢狱中虚度岁月，看不到一丝曙光。由于贝多芬自己也曾一度遭遇过相同的境遇，因而对男主角表现得极为同情。而女主角里昂诺拉则是女人中的最可贵者，她诚挚而冷静，处事既不犹豫也不莽撞。

在创作这部歌剧时，贝多芬也有规律性，他保持了自己的思想，并将其不断发展开来，许多页草稿簿上都涂满了只有他自己才懂得的音符。

1805年夏天，贝多芬完成了最后一幕的创作，然后将剧本交给剧院。不久，这部歌剧就准备公开上映了。

（二）

然而就在《费黛里奥》一剧即将公演期间，却遭遇了一段不太幸运的插曲。当首次公演日期宣布之后，所有维也纳人的注意力都转向了一个可怕的事件，那就是法国的军队已经跨过莱茵山谷和德国南部，奥地利已经暴露在他们的面前。这样一来，奥地利的首都维也纳城自然也就成了拿破仑必攻的目标。

10月20日，乌尔姆陷落了。10天以后，又传来了法军已经越过边境的消息，萨尔斯堡被占领了，法军继续向多瑙河下游推进。

一个多世纪以来，维也纳从未遭遇过外来势力的蹂躏。因此，在面对入侵者时，维也纳毫无抵御能力。维也纳人唯一能够做的，就是贵族们将自己的珍宝都装入马车，然后加入到逃难的行列当中，拥向勃鲁姆或贝莱斯堡。

11月13日，正是预计公演《费黛里奥》前的一个星期，拿破仑率领的法国军队开入了维也纳。

维也纳市民们不知道该怎样去迎接这位入侵者。而且，法军在进入维也纳城时的情形也很奇怪：市民们都静静地看着，法国入侵者也保持着沉默；骑兵们炫耀着精美的服饰，为自己发亮的盔甲而骄傲。然而，他们所骑的战马却显得很疲倦；步兵则满身都是泥浆，胡须也长得老长，许多人的手上还拿着干巴巴的面包，或者枪刺上挑着一块肉，狼吞虎咽往嘴巴里塞着……

队伍很长，好像看不到尽头，他们都在夜以继日地向匈牙利方向前进。有的部队在城外驻扎下来，长官们则占领了城中的皇家宫殿。

在不远处，还传来一阵阵的炮声。据说这是法国军队正在与俄军进行激烈的交战，从奥地利向南去的法军则被意大利人消灭了……但是，这些消息都没有得到证实，因为所有的新闻都要受到严格的检查。

唯一不能遮掩的事实，就是法军的伤兵正在不断地从前线撤下来，但是他们也不能够提供更加准确的消息。

长官处命令，市民们不要关心战事如何，而是要像往常一样继续生活。因此，人们被允许继续到公园里游玩，宫廷剧院也被命令重新开演。在被占领的前一天晚上，剧院还上演了《奥赛罗》，但却没有一个观众。

这时，人们已经不再关心《费黛里奥》是否还能如期上演了，因为贝多芬的朋友大部分都离开了维也纳，战争给维也纳带来了不幸。

不久前，贝多芬还在认真地构思着《费黛里奥》；而现在，拿破仑却控制了这里。拿破仑不知道，这出歌剧的创作者，一位矮小而热情的作曲家，曾经在一首交响曲上题上了"波拿巴"的字样，并对他充满了希望；而现在，这位作曲家却只能静静地望着遭受拿破仑蹂躏的皇宫，毫无办法。

拿破仑对贝多芬并不感兴趣，虽然这位作曲家的力量和对人类的影响远远要比拿破仑大得多。在拿破仑看来，音乐只是暂时松弛一下神经和给人快乐的东西，并没有什么实际的用途。

1805年11月20日，《费黛里奥》首次在法国军官面前上演了。然而，法国军官们只喜欢听一些轻松而华丽的音乐，并不喜欢看这种情绪低沉的歌剧。而且，悲痛的故事也让他们的心里感到不舒服。许多人认为，贝多芬写了一出愚蠢的歌剧。但却没有人预料到，这部歌剧已经铺开了一条不可低估的成功之路。

（三）

到1805年的12月，"短暂的不幸时期"终于过去了，布朗男爵决定再重新上演一次《费黛里奥》。但是，他觉得第一幕剧显得太过松散，应该删去。

然而，贝多芬的自信和自负这时又表现出来了，他不允许别人对他的剧作进行改动，一个音符都不能改。

这时，一直都在关注着贝多芬的李赫诺夫斯基侯爵夫人找到他，表示要与他商量一下，希望他能够将这部歌剧重新修改一下，好让大家都满意。

贝多芬开始也一样拒绝了侯爵夫人，但侯爵夫人的深情，悲切而慈祥，像极了贝多芬的母亲。贝多芬惊住了。

"贝多芬先生，请您再考虑考虑，因为大家都在为您着想。您是个天才，您应该得到大家的认可，不能随便拿自己的作品开玩笑。"侯爵夫人恳切地说。

面对侯爵夫人，贝多芬很感动。他说：

"好吧，我听您的，我愿意做一些修改。"

于是，贝多芬尽了比平时加倍的努力来改正这部歌剧的失误。司蒂芬·冯·勃朗宁还将剧中的台词进行了必要的缩减，贝多芬也将舞台上一些不必要的场面删去，并将三幕剧改成了两幕。

同时，贝多芬还被催促着去重新写作剧前的这首序曲，拟使用的是《丽奥诺拉序曲》的第二首。这时，他又忘记了别人的忠告——如果能够按照规定来做，他所深爱的《费黛里奥》一剧将令他成为一名成功的歌剧作曲家，而那也正是他所期望的。

贝多芬不愿意离开他所钟爱的管弦乐队，因为他在那里发挥出了真正的力量。于是，他便重新作了一首协奏式的序曲，而且比旧作显得更加有力。但这首新的序曲（第三首）却偏离了剧院对该剧的要求，与第二首也有相冲突的地方，它显得更加交响乐化了。但此后，贝多芬并没有再作第四首，因为他对第三首已经非常满意了。

经过重新修改整理后，《费黛里奥》一剧便准备进行第二次上演。

在第一天公演时（1806年3月29日），效果看起来很不错，但事情的发展却并不像人们预计的那样令人满意。因为在进行第二次公演时，贝多芬就拒绝再担任指挥了，原因是乐队在演奏时不按照自己的指挥进行。

经过这样一番公演后，《费黛里奥》这部歌剧的演出活动就停止了。但停演的同时，也出现了许多不利于它的公告——认为这部歌剧的序曲应是绝对禁忌的。对此，人们很容易就能知道，贝多芬一定是充满了愤怒。

到了夏季，《费黛里奥》又重新上演。尽管观众增加了，但贝多芬却认为根本没有按照他的原意来演。虽然布朗男爵再三解释，贝多芬还是非常不愉快地拿走了自己的剧本，再也不允许剧院上演他的剧本了。

6年后，《费黛里奥》终于被人们所普遍了解了。为了让这部歌剧圆满地演出，贝多芬整整花了10年的时间，真可谓是"十年磨一戏"。对于他来说，从来没有一首乐曲值得他耗费这么多的时间。

后来，当贝多芬一病不起的时候，他将《费黛里奥》的手稿送给了辛德勒，上面写着：

"我所有的朋友，它令我付出了最大的代价，带给了我极度的忧郁；这也是使我最为怜爱它的一个原因。"

→　在贝多芬的艺术作品中，钢琴曲占据了主要位置，他的32首奏鸣曲，无论是对业余的钢琴家还是对音乐会独奏家来说，都是曲目中不可缺少的一部分。它们被恰当地称为钢琴家的"新约全书"（"旧约全书"是指巴赫的平均律钢琴曲集）。

第十一章　向新的领域转变

> 不用钢琴作曲是必须的……慢慢可以养成一种机能，把我们所希望的、所感觉的，清清楚楚地映现出来，这对于高贵的灵魂是必不可少的。
>
> ——贝多芬

（一）

在《费黛里奥》停演的那一年，布朗男爵将自己管理的两座剧院转给了两个贵族。

然而，这几个贵人的管理能力并不比布朗男爵强，但贝多芬却感到很高兴，因为他所讨厌的男爵终于被罢免掉了，而剧院也被转入富有歌剧才能的埃斯特赫斯和勒布高维兹的家属手中了。

1807年的元月，贝多芬就将一个关于自己事业的请求送到了剧院。他希望自己能够安定地生活下来，以便将自己的整个生命都献给艺术，而现在他却受到了生活的压迫。

事实上，贝多芬在暗示剧院，自己即将离开维也纳，希望剧院能够挽留他。他的条件是在剧院中谋求一个固定的职位，年薪为2400弗洛林。他的主要工作，就是每年为剧院创作一出伟大的歌剧，同时再作一出短歌剧以及一些应时的歌曲、合唱曲等。这些都可以根据剧院的指导意见来进行。

　　但是，剧院并没有立刻答应贝多芬，因为贝多芬的过度允诺是出了名的。而且，《费黛里奥》的演出失败也让这些剧院的管理者们不敢再轻心大意，他们觉得贝多芬很难与剧院中的其他人团结合作。

　　事实上，贝多芬的要求也不算高，他只不过希望能够有一份稳定的工作和一份安逸的生活，因为贝多芬这个名字在音乐气息浓郁的维也纳的确是一种荣誉。但是，这些管理者们却不怎么喜欢贝多芬，因此也拒绝了贝多芬的这个请求。

　　这无疑激怒了贝多芬。这年5月，贝多芬在给弗朗兹·冯·勃朗斯维克的信中说：

　　"我不会再在这里与那班王子所管理的剧院中的暴徒们生活下去了。"

　　自从贝多芬的请求被拒绝后，人们就不知道贝多芬是怎样生活下去的。1806年末，他又贡献给世界一首伟大的乐曲。而他的生活也是一个艺术家所独有的，没有人知道他每天都在做什么，甚至就连他最亲近的人，也只能凭猜测来了解他有了什么新的变化。

　　当大家都认为贝多芬自从《费黛里奥》失败之后，他的才思便已经枯竭了时，他却已经走在另外一条新奇而无人尝试的路上了，那就是应用一首弦乐五重奏。

　　这年的夏季，贝多芬一直都没有外出避暑。显然，他是在倾尽全力致力于自己的创作。他寓居在心地善良的勃朗斯维克兄妹家中。在这个温馨而友好的家庭，贝多芬也完成了一首出色的奏鸣曲——《热情奏鸣曲》。

　　夏季过后，接下来贝多芬所创作的作品则开始趋向于活泼而轻松。《热情奏鸣曲》、《G大调钢琴协奏曲》（作品第58号）和献给雷斯莫斯基的第59号作品三首四重奏（开始于5月，在11—12月间完成），这些都在年底以前完成的。

　　但是，关于《第四交响曲》（作品第60号），人们却认为不一定是在这个时期完成的，因为这首曲子在完成了前半部之后就停了下来。那么，是不是1806年贝多芬遭遇的爱情和休养的生活阻止了他完成这首更有生气和力量的交响曲呢?

《贝多芬传》的作者罗曼·罗兰称,《第四交响曲》是一首情歌,是贝多芬对茜丽莎·冯·勃朗斯维克迸发的爱情火苗的反映。

事实上,茜丽莎也能够体会到贝多芬的爱情。她在日记中这样写道:

"他所需要的是力量,但是他只希望善良……对待女人,他总是表现得特别关心,而他对于她们的感情也如处女般纯洁。"

这是在谈论作曲时的贝多芬,而她所指的需要的力量,可能指的是贝多芬的《降B大调交响曲》《第四交响曲》的别称。

对于贝多芬来说,他肯定是希望这段爱情能够开花结果的,因此他也努力地想要寻找一个有固定收入的职位,使结婚这件事变为可能。

但是,这段感情最终还是无果而终,并没有按照贝多芬预想的方向发展。

在1806年这一年,贝多芬所创作的音乐作品数远远超过了前面的几个年份。三首四重奏第一首的慢板是真实的情歌,也是那个夏季里最为丰硕的成果。《三首弦乐四重奏》(作品第59号)的十二乐章中,反复变化着的长音阶,就是贝多芬经过了长期沉默后所获得的结果。

在第三首最后一乐章喧哗的追逸曲中,贝多芬用自己控制自如的力量,将其连成一个悠长而圆润的总结。这种手法运用得非常成功,但它很久都没有被人称赞过;相反,很长时间以来,它换来的只是一些讥笑和讽刺。

12月23日,葡萄剧院的第一小提琴手弗朗兹·克雷蒙弟出现于某个音乐会当中,当时贝多芬也在场。在这次音乐会上,贝多芬演奏了他所作的一首小提琴协奏曲。

在迷人乐曲的感染下,听众们如醉如痴,甚至大声地欢呼"再来一曲!"

这为贝多芬铺下了一条通往成功的全新道路。

（二）

在1805年末，安德里亚·雷斯莫斯基伯爵成为贝多芬的保护人。随后，贝多芬便又创作出三首新的弦乐四重奏，并且还作了一次演奏。

雷斯莫斯基伯爵是俄国驻奥国的大使，他的财产丰厚，声望也很高。当他向贝多芬提出作一些三重奏曲的要求后，又在唐纳运河旁边兴建了一座新的宫殿，宫殿中不但收藏了丰富的图书和许多艺术珍品，还供养了一批被誉为全欧洲最佳的四重奏演奏者。

如此的善遇，其实应该归功于伯爵的妻子伊丽莎白·冯·斯尔夫人，因为她是贝多芬的挚友和最亲密的崇拜者李赫诺夫斯基伯爵的妹妹。雷斯莫斯基伯爵在李赫诺夫斯基那里得到了两个很出色的演奏者，这也让贝多芬体会到了竞争带来的奋斗的力量。

贝多芬要在宫殿建好之前，或说在出色的演奏者没有聚在一起的时候，完成他的音乐创作。其中，两首曲子的主题具有真正的俄国风格，这也是为了适应当时的音乐潮流而创作出来的。

雷斯莫斯基伯爵的第一小提琴手休本茨为贝多芬所创作的这几首新曲子进行了第一次判断性的演奏。然而，在场的其他演奏者都放下了乐器，以为贝多芬在同他们开玩笑。这样看来，贝多芬的这一次尝试并不成功。

1807年，宫廷里不断提出新的乐曲需求，贝多芬也都一一接受了。尼古拉斯·埃斯特赫斯王子要求贝多芬为他的公主定名的那一天创作一首弥撒曲。

此时，贝多芬正在忙着写他的《命运交响曲》（作品第67号，又称《C小调第五交响曲》）。后来，他又抓紧时间创作出了《C大调弥撒曲》（作品第86号），但这首乐曲给人的印象不及《橄榄山上的基督》

（作品第85号），因为他没有把握住主题的深刻意义。

贝多芬将这首弥撒曲寄给了白兰特托夫和哈代尔，并对他们说，只要这首乐曲能够出版，他愿意送给他们两人作为礼物。

贝多芬的态度显然是处于防御一方的，同时，他受托所作的曲子也要赶快完成才可以。这些工作整整占去了他夏季里两个月的时间，结果使他没有更多的时间来思索《命运交响曲》。

可以说，这段时间的贝多芬因为不断接受别人的委托而作曲，影响了自己创作的主流。就拿《命运交响曲》来说，它本来应该在1805年到1807年间就能够完成了，但因为有《费黛里奥》、雷苏莫斯基的四重奏和《C大调弥撒曲》等曲目的阻挡，贝多芬就没有更多的时间来从事自己的创作。

当然，他不会因为以上的阻拦而失去原有的力量。第一次在他的草稿中出现的开首主题是平淡而毫无激情刺激的，换句话说，贝多芬那个时候对于要完成的作品还没有充分的准备。直到第一乐章主题力量集中时，他才驱散了一切疑虑的云雾，将乐曲呈现出直接而清晰的风格来。

对于贝多芬来说，一旦时机成熟，他的创作力量就会变得异常强大，想象力也逐渐丰富起来，这便形成了《命运交响曲》的整体轮廓。突然之间，这首乐曲就占据了贝多芬的整个身心，在他的心灵中自由地发展着，变成无数不同的形体，一点也不放松，直到完成最后一个乐章。

相反，当他那丰富的想象力还没有达到一种相当活泼的程度时，贝多芬就会感到自己的选择和方向是模糊不清的。因此，他的草稿簿上总是画着一团胡乱而缺乏规则的符号，许多计划也可能会无声无息地消失。但在这种情形下，还是产生了《第九交响曲》（作品第125号，又称《合唱交响曲》）的一部分影子。

可以说，贝多芬的头脑中装满了音乐的思想。直到需要应用时，他才会搬出其中的一部分来。

在18世纪的最初8年当中，贝多芬先后创作了6首交响曲，这些乐曲在创作时间上几乎都相差不远。

（三）

除了丰富的管弦乐作品外，歌剧班管事和剧作家们总是希望贝多芬能够给他们带来一部伟大的歌剧。但是，贝多芬是不会白白地耗费他宝贵的能量，去做一件费力又不讨好的工作的，他想要的是更多的钱财和更显赫的名声。

1808年，贝多芬在葡萄剧院安排了一场演奏。在演奏会上，他演奏了自己收集了4年的作品，而且完全都是外界闻所未闻的曲目。

演奏会是以《田园交响曲》开始的，接下来是一个独唱和从C大调弥撒曲中摘出的三段：第一节以第四钢琴协奏曲作结，钢琴部分由贝多芬自己独奏；第二节开始是《第五交响曲》（即《命运交响曲》），同时包括了《弥撒祭曲》中《神圣》一段和一曲钢琴独奏；最后以钢琴弹奏的《幻想曲》作为结束。

然而，这个计划还没等实施，就遇到了困难，那就是准备的节目太多了。这对于演奏者来说，当然是不合适的。因此，当贝多芬看到这种情形时，就开始变得不耐烦起来。

交响曲演奏开始后，乐队和歌唱者居然形成了一种极为不调和的局面。整个音乐厅充满了12月里寒冷的空气，听众们战栗着坐了整整4个小时；埃斯特赫斯王子却仍然保持着平静的态度，因为他显贵的地位不允许他在演奏会结束前离开。

最不幸的是，《幻想曲》的演奏居然完全走入了错误的道路。贝多芬非常生气，停止了他的演奏，要求从某一处重新奏起；然而，演奏者却是死一般的沉寂，不再继续他们的演奏了。

如果这次音乐会能够按照原计划演奏的话，那将是音乐中最为美妙的声音。然而现在经过他们错误的演奏，本来美妙的乐曲完全变成了一种不受大众欢迎的音乐了。

恼人的事不断袭来，让贝多芬对整个维也纳都感到不满。尤其是维也纳被法国军队占领后，歌剧院里演出的都是一些卖弄风情的戏，而交响乐和贝多芬华丽的音乐却没有了地位。

但从其他城市传来的消息说，贝多芬的交响曲已经在各地奠定了基础，并且已经趋于大众化了。比如，莱比锡的起凡特霍斯就很渴望从贝多芬手中接到新的乐谱。在那里，贝多芬的音乐在一遍又一遍地演奏着，赢得了普遍的喝彩。

其他很多地方也都有相同的事情发生，贝多芬在音乐界的地位仅次于海顿和莫扎特了。人们对他是如此的热心和拥护，出版商更是一支温度升降表，尤其是莱比锡的出版商。

从远处传来的众多佳音，让贝多芬一刻都不想在维也纳逗留了。此时，他的《皇帝钢琴协奏曲》也已初具雏形。他没有忘记自己当年想在宫廷中谋求一个固定的职位而遭到拒绝的事，他的朋友还经常听到他唠叨着维也纳王子们的吝啬。显然，贝多芬想要离开维也纳，而且他很快就宣布将在1808年的秋季动身。

就在这时，贝多芬受到了威斯特法伦皇帝齐罗密·波拿巴的召见。齐罗密是拿破仑的弟弟，他是依靠哥哥拿破仑的权势才当上了此地的皇帝。但他却是一个毫无才能的皇帝，也没有多少音乐知识。他之所以要召见贝多芬，其实就是想向他炫耀自己的财富和宫廷生活。

于是，贝多芬便离开维也纳，到了卡塞尔的首府威斯特法伦。在这里，他每天的工作很少，这也让他能够有充足的时间从事自己的创作，同时还能拥有一个可靠的生活来源。

然而，随着第五、第六交响曲的出现，贝多芬在卡塞尔的生活又蒙上了一层阴影。在1809年1月7日，他写信给白兰特托夫和哈代尔说：

"齐罗密强迫我离开了最后一块德国的属地，是使用了各种最卑劣手段的结果。"

当贝多芬被迫离开卡塞尔后，有人建议他最好留在维也纳。但是，贝多芬希望能够在维也纳获得每年4000弗洛林的薪金，而赠与者的名字将会被他题写在作品上；同时，他愿意在任何时期充任宫廷中的乐队指挥，每年可以在葡萄剧院举行一次音乐会，并同意由他指挥一个出色的乐队。如果这些条件能够得到满足的话，他就不再离开维也纳。

1809年3月1日，贝多芬的上述条件获得同意。于是，贝多芬再次在维也纳居住下来。

第十二章　贝蒂娜与歌德

> 音乐是比一切智慧、一切哲学更高的启示……谁能参透我音乐的意义，便能超脱寻常人无以自拔的苦难。
>
> ——贝多芬

（一）

自从接二连三地受到情感的打击后，贝多芬变得讨厌任何人。即便是在路上走路时，也经常把帽子压得低低的，避免被熟人看到。

贝多芬的住所在郊外，但他却又在城里、市内借了三幢房子，目的是为了让别人不清楚他到底住在哪里，免得有人来访。

而且，他的耳聋也越来越厉害了，与别人谈话时总觉得不愉快。同时，在失去爱情以后，他心头的创伤也令他的身体变得更加不好。每天，为了不让自己过于悲伤，贝多芬总是躲在房间里，以弹钢琴度日。

就在贝多芬精神非常不愉快的时候，幸运之神再一次光临了。

1810年的一天，贝多芬正在家中弹钢琴，忽然来了一位年轻的姑娘。

这位姑娘一进门，就看到两三架没有脚的钢琴躺在地上；旁边还有几个箱子，一张不结实的椅子立在那里。同时，她还看到一张床，上面有一个草垫和一床薄被，睡衣则扔在地上。

贝多芬看到房门忽然被打开，吓了一跳，急忙从钢琴前站起来，问道：

"你要找谁？"

"贝多芬先生，请您原谅。我是弗朗兹·勃朗斯维克的妹妹，我叫贝蒂娜·勃朗斯维克。我是最近才来到维也纳的，打算在维也纳住下来。"

贝多芬抬头看了看这位姑娘，她长着一头浓密的黑色卷发，身穿一条飘逸的黑裙子，是个非常美丽的姑娘。她的装扮让人一看就知道她不是贵族的一员。

贝蒂娜用黑亮的眼珠直视着贝多芬，仿佛是在搜寻着、探索着什么似的。

"请进来吧。"贝多芬把她请进了房间。

贝蒂娜是贝多芬的朋友弗朗兹·勃朗斯维克的妹妹。弗朗兹的妻子名叫安东妮·冯·勃格斯多克。后来由于父亲生病，安东妮就劝丈夫弗朗兹从法兰克福搬到维也纳，与自己的父亲住在一起。

安东妮夫人是一位身体多病的女性，但她却很喜欢音乐，而且非常尊敬贝多芬。这次来到维也纳后，她就很想请贝多芬到她的家中去弹钢琴。所以，她就差遣贝蒂娜过来邀请贝多芬。

"听说您最近身体不太好，什么人都不见，所以没人肯陪我来，我只好冒昧地自己来拜访了。"贝蒂娜笑容满面地望着贝多芬。

"欢迎您来做客。您要不要听听我刚刚完成的曲子？"贝多芬很客气地问。

"那我简直太荣幸了！"贝蒂娜欣喜地说。

于是，贝多芬坐下来，开始弹奏一首以歌德的诗所谱成的乐曲《想念你》，这是为怀念茜丽莎而创作的一首曲子。

一曲完成，贝蒂娜非常感动，赞赏地说：

"这首曲子真是太美了！歌德先生的诗与您的音乐已经完全融为一体了！"

几天后，贝多芬便被安东妮请到家中。勃格斯多克的宅邸极其华丽，里面的各种设备也都十分完备。

贝蒂娜也住在这所房子中。在这里，贝多芬可以自由自在地出入。有时候，贝蒂娜的嫂子安东妮卧病躺在自己的房间中，贝多芬就会直接跑到这所住宅的接待室，坐在室内的那架钢琴前，即兴作曲或者演奏一番，然后再自己默默地离去。

久而久之，贝蒂娜完全被贝多芬的乐曲所吸引了，而贝多芬也为贝蒂娜那种艺术的感受力而深感高兴。她完全地、直觉地接受了贝多芬演奏中的灵性。如果她的反应不是完全真实的，哪怕有一丁点的假装，贝多芬也是一定不能容忍的。

此后，贝多芬经常与贝蒂娜并肩走在街市上。他说话的声音很洪亮，而且还边说边做着手势。而贝蒂娜总是专心致志地听着贝多芬的演说，完全忘记了他们是在大街上。

在一次参加完午宴后，所有的客人都到屋顶的尖塔上去远眺。当众人都下来后，贝蒂娜由贝多芬陪同着留在后边。

"别人都下去了，只剩下我和他，他又唱了起来。"

这是贝蒂娜在两年后写的一封信中谈到的，可见当时两人的感情之深。

不仅如此，贝蒂娜对两人的交往还有一段长长的记述：

一个音乐家就是一首诗，那双极富迷惑力的眼睛常常会显示出他的另一个美丽的世界——心灵。在那座小小的尖塔上，美丽的5月正下着迷濛的细雨，那是我一生当中最值得回忆的时光。他说："从你的眼中流入了我心中最美丽的主题，在我贝多芬停止指挥后，它将使世界的面目为之一新。如果上帝允许我再多留几年，我将再见你一面。'亲爱的、亲爱的贝蒂娜'，这个声音在我的内心中是永远都不会消失的。虽然我的大脑可以决定我接受别人的爱，但我将选择你，你的嘉许比这个世界上的任何东西都更宝贵、更亲密……"

后来，贝多芬和贝蒂娜经常聚在一起。贝蒂娜陪伴着贝多芬游玩，与他谈论一些关于艺术的话题。此时的贝蒂娜正是贝多芬所需要的，她那活泼的天性也改变了他狂躁的性格。

（二）

贝多芬和贝蒂娜在一起时，经常会谈论起歌德的逸事。从交谈中，贝蒂娜发现贝多芬很渴望见到歌德这位伟大的诗人，但却不知道该如何去做，因此，她希望可以将这两位伟大的人物聚在一起，并让歌德给予贝多芬一些帮助。

于是，贝蒂娜便写信给歌德，叙述了贝多芬对他的赞誉和渴望见面的心情，还进一步介绍了贝多芬如何解释自己内心的"音乐的成长"：

> 我追逐着那美妙的旋律，热情地俘虏了它。有时我看到它在飞翔，在频频的动荡中消逝。现在，我重振了我的精神，又占据了它，我被催促着赶快去把它发展开来，最后，我终于征服了它：看啊！一首交响曲音乐和真诚是智慧和敏感生命的媒介质。

> 我很高兴地谈论此事，你懂我的意思吗？音乐是步入另一个世界的、无法向他人交谈的入口，它是了解人类的一种知识，但人类却不能够明白它……每一种真正艺术的创造都是独立的，较艺术家本身要有力得多。

后来，贝蒂娜将这封信交给了贝多芬，贝多芬惊讶地说：
"我说过这样的话吗？我是不是有些疯癫了？"

但是，他却并没有阻止贝蒂娜将这封信寄给歌德。

后来，她又在给歌德的信中，谈及贝多芬对歌德的赞誉：

> 贝多芬每天都来我这里，或者我去找他。为了这些，我忘记了社交、聚会、剧院，甚至忘记了圣·斯蒂芬教堂……昨天，我还与他一起去了一个花儿绽放的花园，那里所有的花都开放了，阵阵花香多么沁人心脾呀！贝多芬在炙热的阳光下停住脚步说："歌德的诗有一股极大的力量，它侵占了我的心，不但它的内容，而且还有它的韵律。他的语言是崇高的，在我的作品中采用了它才会得到异常的、特有的音乐上的和谐。"

对于贝多芬来说，贝蒂娜觉得他并没有什么突出的头衔，她也没有去刻意追求过他。然而，贝蒂娜对于贝多芬的音乐的感觉却是相当美好的。

贝蒂娜对他的迷恋使贝多芬非常受用。在她的身上，贝多芬仿佛找回了当年在母亲那里所引发的爱的感觉。渐渐进入老境的他，一经接受了贝蒂娜的爱，就再也不想放弃了。在贝多芬看来，贝蒂娜是一个温柔、可爱的女性。但最终，两人的感情还是因为一些原因而没能开花结果。

此时的贝蒂娜已经与一个年龄相当的年轻人订了婚，但她却并不急于结婚，而是认为自己还有更重要的事情要去完成。而她的所谓"更重要的事情"，就是要将伟大的作曲家与伟大的诗人拉在一起。

为此，贝蒂娜认真地计划着。她鼓励贝多芬给歌德写了一个极有礼貌的短简，其中也谈到了贝蒂娜，歌德的回答也同样十分小心谨慎。

随后，贝多芬便想将自己的《爱格蒙特》序曲的乐谱赠送给歌德，但是出版脱了期，直到1812年1月里才收到。

而在这时，贝蒂娜已经因为一些私人的原因与歌德断绝了交往，但她却从来没有停止过为贝多芬和歌德安排会见而努力，甚至后来连贝多芬都不愿意再听到她谈及此事了。

但最终，贝多芬和歌德这两位伟大的人物还是见面了。

（三）

1812年7月，在一个偶然的机会，歌德到了泰普利策，得知贝多芬正在那里治疗疾病，便立刻赶去看望贝多芬。

当歌德第一眼看到贝多芬时，马上感到他是一个具有异常特性的人。会见结束后，歌德回到自己的房间马上给妻子写信说：

"我从没看到过一个艺术家的力量是如此的集中，具有这样强大的内在力量。"

这是一个十分重要的时刻，两位当代精神上的巨人终于相遇、相聚在一起。

两人最初的相见似乎是很愉快的，因为他们第二天就相约一同步行去了比令。第二天傍晚，贝多芬又与歌德一起谈话到很晚，星期三又继续谈了一次。

然而，他们之间的友谊却没能建立起来。虽然两位伟大的艺术家在相互交换对艺术的意见，但由于贝多芬有耳疾，这令他们之间的谈话遇到了困难。当然，通过交谈，贝多芬对歌德的认识还是增加了一层，对他的尊重也增加了许多。

而且，从歌德那儒雅、慎重的谈吐中，贝多芬也感受到了自己的鲁莽和粗野；因为他的莽撞、唐突、刻薄，令歌德在与他的交往中变得十分拘谨。当贝多芬与歌德在一起玩乐时，歌德总是表现出一种在贝多芬看来很虚伪的态度。于是，贝多芬就会很刻薄地谴责他说：

"你自己应当知道，赢得别人的喝彩是一件多么令人高兴的事啊！如果你不认识我，你不同意我与你处于同一地位，谁会愿意呢？"

诸如此类的事件不断增多，令两人的关系很快便变得紧张起来。因此，最终歌德只对贝多芬的钢琴"弹奏得很出色"这一点表示佩服。

事实上，贝多芬是很佩服歌德的。他在写给朋友的信中曾经说过：

"歌德的诗使我感到幸福。"

"歌德与席勒是我在我相（古代爱尔兰说唱诗人）与荷马之外最心爱的诗人。"

虽然贝多芬幼年时期所受的教育不够完全，但他的文学品位还是极高的。他认为，在歌德以外而高于歌德的诗人，只有荷马、普卢塔克与莎士比亚三人。虽然贝多芬非常敬佩歌德，但由于他过于自由和过于暴烈的性格，最终也未能与歌德的性格相融合。

而且贝多芬发现，歌德对达官显贵的崇拜要远远超过对贝多芬的崇拜，这也让贝多芬感到不满。他在写给白兰特托夫和哈代尔的信中说：

"歌德喜爱宫廷中的风气，认为这些比他的诗更为高贵。"

不过，贝多芬与歌德并不直接争吵，他们也时常通信。但当贝多芬于7月27日离开泰普利策到卡尔斯鲁去以后，他根本没想到这是他与歌德的最后一次见面。

但是，歌德对贝多芬的态度也并不比贝多芬对他的态度好多少，他在给朋友的信中曾这样描述自己对贝多芬的看法：

很遗憾，贝多芬是一个倔强至极的人；他认为世界可憎，这虽然是对的，但这并不能令他和其他人变得愉快一些，我们应该原谅他，替他惋惜，因为他是聋子。这种困境给他在音乐之上造成的损失要远远超过在生活上的损失。

歌德一生都不曾做出什么反对贝多芬的事，但也不曾做出什么拥护贝多芬的事；对贝多芬的作品，甚至对他的姓氏，都抱着一种绝对的缄默。

虽然如此，歌德的骨子里还是很钦佩甚至是很惧怕贝多芬的音乐的。歌德在给朋友的信中曾经这样说：

"是的，我也是怀着一种惊愕的心情钦佩他的。"

贝多芬认为交响乐是向人类致敬的理想手段，他的九部交响曲都是具有普遍感染力的精神戏剧。在《第三交响曲（英雄）》中，贝多芬的风格更加成熟了。这部作品最初是题献给拿破仑的，贝多芬认为拿破仑是革命精神和人类自由的体现。然而当拿破仑称帝的消息传来后，贝多芬对他不抱幻想了。被激怒的作曲家从刚刚完成的作品上撕下题有献词的一页，将题目改为"英雄交响曲，为纪念一个伟大的人物而作"。

第十三章　为摆脱窘迫而努力

卓越的人的一大优点，是在不利与艰难的遭遇里百折不挠。

——贝多芬

（一）

到1812年时，贝多芬的健康已经受到了严重的损害，这也更令他担心自己的收入。一直以来，能够有一份稳定而可靠的收入是贝多芬的梦想。因为在这时，维也纳已经将曾经答应每年给他的4000弗洛林费用减少到了1600弗洛林，这让贝多芬十分愤怒。

在这一时期，钱对于贝多芬来说十分珍贵。钢琴制造商那拉达·斯达黎女士描述了贝多芬当时的窘境：

"说到他的衣饰和家庭，他不但没有一件好外衣，甚至连一件完整的衬衫都没有。"

为此，斯达黎女士和丈夫曾劝贝多芬采用储蓄的方式存些钱，以备未来的不时之需，但贝多芬对此却不以为然。

而且人们还发现，贝多芬只有一双鞋子，如果被穿坏了，他就只能待在家中，直到鞋子修好后才能出门。

持续不断的战争也令贝多芬感到厌恶。他告诉自己的朋友弗朗兹·冯·勃朗斯维克说：

"如果战争的洪水再接近此地的话，我就会去匈牙利。无论在任何事件中，我都要当心自己可怜的生命。毫无疑问，我将克服一切困难，将那高贵而远大的计划向无边无尽的地方推进，最后我将实现一切梦想。"

1812年5月13日，贝多芬写出了《第七交响曲》。在秋季回到维也纳前的四个月中，他又完成了《第八交响曲》。

犹如《第二交响曲》一样，这时的贝多芬也遭受到了精神上的很多痛苦，没有恋人，没有健康，没有金钱，没有朋友，没有理解，贝多芬十分孤单，自我封闭，甚至产生过自杀的念头，因而他在自己的乐曲中也倾吐了无尽的柔情；《第八交响曲》也同《第二交响曲》一样，都是他用来松弛心情的作品。

贝多芬的耳聋已经越来越严重了，这也让他更加感到前途的黯淡与渺茫。这个时期，他已经不能再在大庭广众前演奏钢琴了，也避开了任何形式的"音乐集会"，而那些美妙的音乐也仿佛离开了他。当然，贝多芬自己也逐渐注意到了这样一个事实，因为他说话的声音过于响亮，陌生人已经在不断地注视他、惊讶于他了。

贝多芬越来越不愿意出门，也不愿意与人交往。他发现，自己与这个社会也在慢慢地隔离开来。耳聋促成了他的这些变化，但却不会让他因此枯萎，反而对他产生一种别人所无法理解的帮助。这也许不是一件坏事，因为这让贝多芬的心灵不必再牵涉这个混乱的世界上的一切社交了，而能够全身心地投入到音乐创作之中。

《第八交响曲》的节奏明朗而愉快，每一段都在谈唱着，内容也不难理解，快板的部分更是显得愉快而活泼。

在这首曲子的原稿上，写着"林兹，1812年10月"，因为这个月贝多芬已经到了林兹，在弟弟约翰家住了下来。约翰称，贝多芬在来林兹之前，这部交响曲已经完成了大部分。这也证明，贝多芬在去泰普利策之前就已经开始了这首交响曲的创作。

贝多芬刚到约翰家不久，约翰的家中就来了三位新客人，其中一位是维也纳的一名医生，另外两位是医生的妻子和他的妹妹。

医生的妹妹名叫茜丽莎·奥丽梅耶。她来到这里之后，很快就从一名房客变成了房屋的管理者，因为她很快就与约翰相恋，并准备结婚了。

贝多芬听说这件事后，他的纯正和家庭的理念被破坏了。因此，他愤怒地找到约翰，然后放肆地、大声地责骂弟弟约翰，让所有的人都能听到。当约翰拒绝改变自己的生活以顺从兄长时，贝多芬甚至动用了警察来强迫这个"可恶"的女人离开林兹。

这令约翰很烦恼，他觉得自己如果顺从了哥哥的愿望，就只能放弃自己的爱人；而如果娶了茜丽莎，就会让哥哥烦恼和生气。但最后，他还是决定顺从自己的意愿，马上与茜丽莎结婚。

约翰的"背叛"让贝多芬的计划完全被打乱了。可他除了对茜丽莎这个女人感到愤怒之外，再没有其他任何办法，这样一个弟媳是他所不愿意看到的。而结婚后的约翰也有不顺心的时候，一旦受了妻子的气，他就会去指责哥哥贝多芬。

（二）

贝多芬有一位名叫缪赛尔的朋友，两人在数年之前就相识了。

1809年，当缪塞尔还在勋伯伦皇宫中担任机械师时，他的"自动弈棋机"就曾迷惑住了拿破仑。后来，又有人在城中的另外一个地方发现了他，那时，他在史达利切的一个钢琴制造商家中设立了一个试验室。

缪塞尔的实验让店中的人都为之惊异不已，贝多芬也对他感到佩服。比方，他可以让瓶中有一条细线产生出少许的光亮。

在当时，电力还是世界上非常奇怪而且从未见过的东西，被认为是"光源的秘密"。当初贝多芬的恋人贝蒂娜就曾描述贝多芬的音乐也如同"电力"一般。

后来，缪塞尔还把他的天才转移到音乐艺术上去，希望能够在音乐上取得成绩，这也令贝多芬与缪塞尔结下了友谊。

贝多芬、尚勒利、赫梅尔以及其他一些比较出名的音乐家都曾去拜访过这个善于发明奇异东西的机械师，听缪赛尔讲他过去所做的及将来所要做的事。不过，不幸得很，贝多芬并没有从谬塞尔那里得到多少东西，尤其是无法了解谬塞尔的音乐，但这倒并没有影响他们两人的交往。

缪赛尔特意为贝多芬做了一种圆锥形的仪器以帮助贝多芬恢复听觉。他还做了一个"机械喇叭手"来帮助贝多芬演奏钢琴。更让贝多芬感到新奇的是，他制作了一个被称为"机械铜鼓乐队"的东西，这种东西完全装在一个盒子当中，经过一个风箱而吹奏出乐音，而乐号则是由一个旋转的铜圆体和哨子所控制的，然后再与其他产生音响的部件合并起来，就能够演奏恰罗比尼的序曲和海顿的军事交响曲了。

一直以来，缪赛尔都在关注着时代的变化与潮流的发展，他希望可以营造出一个狂欢的浪潮而涌遍全欧洲。当时，拿破仑的军队在西班牙被联军击败了，英国便举国上下都狂热地崇拜着惠灵顿公爵。因为是这位维多利亚的英雄，经过奋战后最终击败了拿破仑这位欧洲的暴君。

善于瞄准时机的缪塞尔马上意识到，现在人们急需一首歌曲来欢庆胜利。因此，他拟定了一个计划：由贝多芬特别为"机械铜鼓乐队"创作一首歌曲，然后在英国将它展示出来，并附上贝多芬的名字，因为这样做对双方都有利。尤其对贝多芬和缪赛尔来说，贝多芬的名字就可以赚到一笔钱。此时生活正处于窘迫境地的贝多芬接受了缪赛尔的建议。

贝多芬创作了一首新的、从未演奏过的交响曲——《第七交响曲》，还有《维多利亚战役》等，如果由熟练的演奏者演出，一定可以获得成功。

于是，在1812年12月8日，缪赛尔组织了一场慈善音乐会（可以减少一些费用）。在他的预想之中，这次一定能够获得极大的成功，而在以后的演出中也可以赚到大笔的金钱。这首新创作的交响曲《维多利亚战役》是用来慰问那些受伤的奥地利和巴伐利亚战士，以提高他们的爱国热情，并表达筹办者的好意。

维也纳的著名音乐家们对这场音乐会都表示出了极大的热情，自愿为它服务。小提琴手休本茨自愿担任第一小提琴手，尚勒利担任喇叭手，赫梅尔担任铜鼓手，而贝多芬则自己亲自担任指挥。

对于贝多芬的指挥，路易斯堡称，耳聋令贝多芬在音乐会上成为一个很滑稽的人物。当音乐奏得极为柔和的时候，他的身体几乎完全是蹲在指挥台的下面的；然而当音乐渐次增强的时候，他的身体几乎上升到了最大的限度，因为他根本不能听到演奏的是什么。有一次，当乐队正奏得柔和时，他却激烈地挥动着他的拳头。

12月8日和12日的两场慈善音乐会共筹得慈善金4000弗洛林。其中，贝多芬的《第七交响曲》受到了普遍的喝彩。在众多的听众中，大部分人都希望能够听到贝多芬的《第七交响曲》；而那些对此尚存疑虑的人，从此也更加深信贝多芬是一位伟大的音乐家和作曲家了。

（三）

1813年1月2日，在经过前一年维也纳慈善音乐会的成功后，贝多芬被邀请到皇家宫廷的大厅进行另一次演出。

由于皇家宫廷大厅特别适合演奏《维多利亚战役》这样激烈的乐曲，而这一次的收入也完全归他自己所有，因此贝多芬再度担任指挥一职。

这次演出同样大获成功，并且获得了一笔不小的收入。享有"喝彩之声"美誉的演唱者弗朗兹·惠尔特写道：

"贝多芬的演出几乎达到了疯狂的程度。"

而辛德勒则写得更为有趣：

"狂热的心情被这个值得纪念的日子里的爱国情绪推向了高潮。"

在这几次演出中，出现了一个较大的改变，那就是机械的音乐被贝多芬的交响曲所替代了。在演出中，贝多芬还加入了一首《雅典的废墟》（作品第113号，为戏剧配乐）。可以说，每个听众的兴趣和注意力都完全集中在了贝多芬的身上。

2月27日，依然是在皇家宫廷大厅中，贝多芬又举行了一次盛大的演奏会。除了演奏《维多利亚战役》（作品第91号，又名《威灵顿的胜利》）和《第七交响曲》以外，他又加入了一首崭新的《田园交响曲》。

《田园交响曲》也吸引了许多人的注意。但《第八交响曲》夹在雄伟的战争音乐之前和骚扰的《第七交响曲》之后，似乎让听众感到有些不协调。尽管如此，这一不足也没有影响该次演奏会的成功。

这时，缪塞尔在等待机会，希望能够带贝多芬一同去伦敦，以利用贝多芬的名气来赚更多的钱。他一再与贝多芬磋商和交涉，但都没有效果。

缪塞尔无计可施，便只好将道德放了在一边。他重新作了一首类似贝多芬的作品，然后只身离开了维也纳。

后来，当贝多芬听见缪塞尔两次在慕尼黑演奏自己的《维多利亚战役》，愤怒不已，立刻向他提起了诉讼。于是就出现了这样一个疑问：缪塞尔发明的"机械铜鼓乐队"是否有权利演奏其他的乐曲？在当时，这是一个很复杂的问题，因此也争执了许多年，结果最后判决各人应有一半的利益。

在《维多利亚战役》这首乐曲获得大众认可之后，又出现了一个令贝多芬意想不到的结果，那就是《费黛里奥》的再度崛起。

不久之后，卡逊莱塞剧院的经理杰拉斯卡就与贝多芬接触，开始商量《费黛里奥》的演出计划，并且劝他将乐谱加以修改。贝多芬为了这个自己钟爱的"歌剧婴儿"，听从了杰拉斯卡的劝告，并将这份原稿很信任地交给了杰拉斯卡。

杰拉斯卡认为，这部歌剧的第一幕的开头和结尾必须迥然各异，可以用二重唱或三重唱来进行；第二幕应在宫廷中结束以取代黑暗的牢狱。而且，杰拉斯卡还很坦白地告诉贝多芬说，在这一幕的开头，是不能插入弗洛斯坦的歌曲的，可以用一个人的饥饿欲死去代替它，效果会更好些。

晚上，贝多芬会见了杰拉斯卡，杰拉斯卡递给他一首刚刚写完的诗，描述了弗洛斯坦在失去公正的世界和他的爱妻之后所有的悲哀情绪，这是他临终前的回光返照。

对于这件事对贝多芬产生的影响，杰拉斯卡是这样叙述的：

> 我现在所想起的也将永久地留在我的记忆之中……贝多芬读完以后，在室中踱来踱去，口中喃喃自语，忽然又咕噜地呓语着。这是他的习惯，用此代替了歌唱，同时弹起钢琴来了。今天，他将原文放在面前，同时开始了惊人的"即兴创作"——创作音乐在他看来似乎是一件很容易的事，他就像着了魔一样，一个多钟头已经过去了，他还在继续工作着。他所喜爱的晚餐，我们都已经为他准备好了，但我们不去惊扰他。过了很久，他起身拥抱了我，然后没有进餐就急匆匆地赶回了家里。次日，这出歌剧的修改完成了。

虽然经过了重新的修正，但改后的作品也没有达到如上所述的程度。贝多芬对重新修改后的作品显然极其感兴趣，但是他的修改却不怎么理想。于是，他渐渐地对从前的原稿和修改过的文稿感到不满起来。

贝多芬写下一则给杰拉斯卡的短简：

> "它不能够进行得如我在作一些新的曲子时那样顺利。"

同时，他还写了一首新的序曲，并预言：

"它是最容易的，因为我能全新地完成它。"

5月23日，经过修改后的《费黛里奥》序曲进行预演，很受观众的欢迎。两天后，又进行了第二次演出。

在过去的一个月当中，《费黛里奥》共演出了六次，虽然歌剧的季节已经过去了，但在8月18日，贝多芬又进行了另一次公演，效果依然很好，这又为贝多芬赚得了一笔钱财，帮助他摆脱了生活的窘境。

第十四章　不朽的爱人

> 划分天才和勤勉之别的界线迄今尚未能确定——以后也没法确定。
>
> ——贝多芬

（一）

在贝多芬去世后，人们从他的遗稿中发现了三封狂热的情书，写得就像他的音乐一样激情澎湃，炽热如火……

情书上面没有收件人的姓名，字都是用铅笔写的，而且几乎完全是用密码的形式写成的，且看不太清楚。在信中，贝多芬称对方为"我不朽的恋人"，所以，人们便将这三封信称为"不朽的爱人书简"。

可是，这被称为"不朽的爱人"的人究竟是谁？这几封信是没有寄出的，还是退回来的，或者只是复件？这些问题至今仍然是个难解的谜。

下面就是这三封信的内容，其内容犹如《第五交响曲》和《热情奏鸣曲》那样深沉、激昂、热情奔放。

7月6日　早晨

我的安琪儿，我所有的一切，我自己：

今天只有这几个字，而且是用铅笔写的，到明天才离开我的房间。这种事是多么的浪费时间啊！为什么要讲这些忧愁的事呢？

　　我们的爱情怎样才能避免牺牲而继续下去？你可不可以完全属于我，我也完全属于你？呵，请看大自然中的美丽，用一种不可避免的感觉抚慰了你的心。爱是需要一切的一切，它是不会错的；它是不是存在于你我之间，或我你之间？只有你令我这样难以忘记，我一定得为你而生存下去。我们可否结合在一起？而你所感到的痛苦，是否和我的一样大？

　　我的旅程是可怕的，我只在昨天早晨4点才到达此地，因为他们缺少马匹，所以车子就选择了另一条路线，但那是一条多么可怕的路啊！在最后一段行程中，他们警告我不要在夜间赶路，但我仍旧继续前行。路面是崎岖的，一条典型的乡间道路，我没有带马车夫；埃斯特赫斯走着另一条路，也遭到了同样的命运。他有八匹马，而我只有四匹。它也给我带来了一些快乐，我们不久即将遇到了。

　　我现在还不能完全告诉你过去几天我的思想如何。假使我们的心能结合在一起，我将不再有这种思想，我心中有许多事情想说。啊！有时我觉得那种言语是疲乏无力的，打起精神来，我仅有的宝贝，我所有的一切！我们将做些什么和应当做些什么呢？

你的忠实的路德维希

　　7月6日　星期一晚

　　你遭到了不快，我亲爱的人儿！我刚发现这封信应该早一些寄出，星期一是邮件从这里到K地仅有的一天。你受苦了。啊！无论我在任何地方，你总是和我在一起的，我将为我们两人布置着，我也在计划让我能与你同住在一起，那将是多么美好的生活啊！

　　你在星期六晚上之前不会从我这里得到最新的消息。虽然如此，你是非常爱我的，我对你的爱更要强烈得多！但不要在我面前遮去你的思想。晚安，我要去洗澡了，我还得上床去。呵！上帝！如此的近！如此的远！我们的爱情是否真正是天国之柱，稳定如苍穹般呢？

7月7日晨

虽然我睡在床上，但我的思想却已经飞到你那边去了，我神圣的爱人。我有时是快乐的，忽而又感到悲哀，等待命运的降临，它会不会怜悯我们？我希望能够长久地同你住在一起，或者少几天。是的，我将要到远地去游历去了，直至我能飞到你那里去；同时，我也深感只有与你住在一起，我才算拥有了一个真正的家庭；当你选择了我，我便能够将自己的灵魂送入到精神的领域当中去。是的，没有其他再能够占有我的心了。不，决不！啊，上帝！为什么一个人要离开他的爱人呢？

目前，我在维也纳的生活也是很可怜的，但你的爱使我变成了一个最快乐的人；同时，也是一个最苦恼的人。像我这样的年龄，我需要安静而稳定的生活。在我们之间能否实现这一目标？我的安琪儿，刚才听到每天都来的邮差的声音，所以我也得停下笔来了，这样你才不会推迟收到我的信。安静一些，只有静静地想着我们的生活，才能对我们的共同生活有所帮助。

安静吧！爱我——今天——明天，我是如何地希望着你——你——你。我的生命——我的一切。

别了！啊！继续爱着我，不要误会你所亲爱的人最真诚的心。

你所爱的路德维希

从上面的三封信中可以看到，贝多芬在爱情方面还是如此的热情，但这次爱情他却向他所有的朋友隐瞒了，没有表露出一点一滴来。从那些意义非凡的字句中，我们也能体会信中所漂浮的阴云。贝多芬知道，他急切想要得到的东西是不可能得到的，但是，眼前的愉快情绪占据了他的心，他对与她之间的爱情充满了希望。

也正因为这个人的神秘，后来的人们也开始猜测：这个贝多芬如此热恋的对象到底是谁呢？

（二）

对于贝多芬的这个"不朽的爱人"，人们也给出了很多推测，比如不少人认为可能是茜丽莎·冯·勃朗斯维克。之所以如此，是因为她已经变成了大众所公认的贝多芬的"情人"了。

如玛利恩·苔格在她所著的书中，就极力推崇贝多芬和茜丽莎之间的爱情，但后来发现，这本书中的内容并不可信。第·哈夫赛在1909年就亲眼看到了茜丽莎的日记，说她的生命中"有两大爱情"，但却压根儿没有提到贝多芬，在字里行间中，她也只是对贝多芬表示温情的关心而已。

而传记作家诺尔则认为贝多芬的这位恋人应该是吉利达。但最终也有证据表明，是吉利达的可能性也很小。

还有人推测可能会是约瑟芬·冯·勃朗斯维克。因为在1805年的头几个月里，贝多芬给她写了不少情书。虽然后来她结婚了，但婚姻并不幸福，不久又成了寡妇。可是在一些资料中显示，她似乎在几年后就终结了与贝多芬的关系，并于1810年再婚了。我们没有理由猜测她会在1812年又再次与贝多芬重新燃起爱火。

还有谁能够代替这几个人在贝多芬心中的位置呢？当然不可能会是贝蒂娜，因为1812年她去泰普利策时，贝多芬已经在那里了，而且不久之后她也结婚了。

1909年，汤姆森出版了一本名叫《贝多芬的不朽爱人》的书。在这本书中，首次根据一种科学的证明来研究这个话题。

汤姆森根据贝多芬的那几封信中所提供的资料，搜集了许多有关贝多芬留居维也纳期间的行动资料，将1795年到1818年之间的每个年份都剔除掉，只留下了1812年。而这一年的7月6日正好是星期一。

贝多芬有一个习惯，就是每年夏天的时候，都要离开维也纳一段时间，通常他会到维也纳附近的郊区或邻镇度假。不过，在1811年和1812年当中，他却旅行到波西米亚去了，那里有几处温泉，是德国文化名流、富翁以及高级贵族的度假胜地。

1812年，贝多芬在6月28日或29日那天离开了维也纳，7月1日到达了布拉格。

7月4日星期六的中午，贝多芬搭乘驿马车前往台波里温泉。在同一时间，伊恩特哈奇亲王——当时奥国派驻在德莱斯顿的大使——也离开布拉格，前往温泉。

在7月1日那天，下起了大雨。第二天虽然天晴了，但第三天，也就是3日那天，又下起了大雨，直到4日中午。后来雨停后，天还是阴沉沉的。

通常驿马车必须要经过波登、拉伯西兹等地，然后横越过梅特格波吉山脉的高峰，进入台波里。

伊恩哈特奇亲王的马车是由八匹马拉的，因此走的是正常路线，而贝多芬坐的马车只有四匹马，于是他决定避开山区的道路。所以，贝多芬才在信中向他"不朽的爱人"说：

"因为缺少马匹，所以车子就选择了另一条路线，但那是一条多么可怕的路啊！"

7月5日凌晨4时，贝多芬到达了台波里。由于是凌晨到达，所以当天就只能住在一个临时的地方，一直到7日才正式登记在台波里的客人名单上：

"路德维希·凡·贝多芬，作曲家，维也纳，住在'橡树园六十二号'。"

"7月6日 早晨"，贝多芬才开始写第一封信，信中的语气好像是答复对方的来信。而信写完后，贝多芬才发现他错过了清晨的邮班，因此他在晚上再次写信时说：

"你在星期六晚上之前不会从我这里得到最新的消息。"

由此可见，贝多芬知道两地的距离应该是大约不到两天的路程，而且在信中，他还用一个字母"K"来代表对方的地点。根据这个推断，"K"这个字母应该是代表"克隆巴"（Korompa），在那里有一座勃朗斯维克别墅。

由此看来，这封写给"不朽的爱人"的信是1812年7月6日与7日在波西米亚的台波里写的。根据这点来推断，贝多芬的情人在7月6日那天应该在克隆巴，或者即将抵达那里。

此外，贝多芬在1812年的日记首页上，还写了这样一段可能与这位"爱人"有关的话：

除了你，除了你自己之外，除了在你的艺术里，世界上不再有任何幸福。神啊，赐给我力量，来克服我自己吧！既然没有什么可以让我留恋生命，跟A在这样的情形里，一切都完了。

日记中的这个"A"，也很可能就是指代这位"不朽的爱人"。

（三）

要解开这个谜底，必须有个先决条件，就是这个"不朽的爱人"在当时与贝多芬应该十分熟悉，这样才有可能发展起恋爱关系，并且在1812年的7月初已经达到了顶峰。

其次，这名女子在7月6日前的一两周应该见过贝多芬，并且说过话，那么应该就是在布拉格或者在维也纳。而且，她在1812年7月6日的那一周一定是在克隆巴。

除此之外，就是贝多芬用来代表他可能爱上的女子的姓名缩写，例如1812年的"日记"中提到的"A"，1816年"日记"中提到的"T"以及1804年和1810年之前在一张便条上写下的"M"等。可以推断，这名女子的名字中必须有"A"与"T"。

以上这些，就是确定这位"不朽的爱人"的身份所需要的条件。人们经过一个多世纪的研究，许多曾一度被考虑进来的女子也都被一一去除了。

但其中有一个女子却几乎完全符合以上所说的几个条件。虽然这名女子在贝多芬的文献中是为人们所熟悉的，只是以前从没有将她当做是贝多芬"不朽的爱人"来考虑。她就是安东妮·冯·勃格斯多克。

安东妮一家在1809年秋就搬到维也纳定居了，一直到1812年秋天才离开。1810年5月，她在堂妹贝蒂娜的介绍下，认识了贝多芬。

在此后的两年中，她和贝多芬之间产生了一种亲密的友谊。贝多芬曾经向朋友表示过，她是他"世界上最好的朋友"。

安东妮1780年出生于维也纳，是一位著名的奥地利政治家及艺术家的独生女。1798年，安东妮嫁给了法拉克福一位比她年长15岁又很体贴的丈夫。婚后到1806年，她先后生下了四个子女。

在结婚的最初几年，安东妮给宾客们的印象是一位美丽的威尼斯淑女，一位教养良好的女主人。但也有人觉得，她的神情看起来并不幸福，就像是"一座俯瞰着莱茵河的独立孤堡，看尽了人间的浪漫故事，而她自己全然沉浸在孤独与游离当中"一样。

安东妮的抑郁不久就从种种生理现象上显示出来。她常常有头痛的毛病，因此也容易发怒。在1808年写给朋友的一封信中，她说：

　　　　我的胸口疼痛得几乎让我无法呼吸。在床上我总是睡不安稳，一直要等到痉挛性的哭喊，才能把这可怕的病痛解除。……我的健康恐怕只有恶化而没有改善的可能了。

接着，她又写了一句不详的话：

"一种死亡的寂静霸占了我的灵魂。"

她渴望回到维也纳去住，不想继续留在法兰克福。于是在1809年6月，当得到父亲病危的消息后，她便赶在父亲去世前，带着子女迁居回维也纳。

不久，安东妮的丈夫也跟随妻子来到维也纳，并在维也纳设立了分支办事处。

1810年5月，在贝蒂娜的介绍下，贝多芬前往安东妮的住处拜访他们一家。当时贝蒂娜因为有事要离开维也纳几个星期，在这期间，贝多芬很快就与安东妮一家建立了良好的关系。

一直以来，安东妮都认为丈夫是个好人，她总是叫他"我的好法兰斯"，有时甚至叫他"最好的男人"。显然，她尊重丈夫的个性和地位，并深深感谢丈夫给予她的爱，但后来她也透露了这种关系的单面性质：

"我从来不想让我先生知道，因为他总是对我这样的爱惜和友善。"

总之，从安东妮的书信或回忆录中，人们都很难找出一句关于她爱她的丈夫的话。

在维也纳留居期间，由于本身身体不好，再加上父亲的去世，安东妮经常一病就是几个星期。安东妮在自己晚年的回忆录中说，由于长期卧病，她远离了所有的朋友，并且拒绝了一切访客，唯一例外的就是贝多芬。她和他发展出了一种"温柔的友情"。

在她生病期间，贝多芬经常前来，然后一个人一语不发地坐在她客厅的钢琴旁进行即兴的演奏。他在乐曲中向她倾诉一切，并且给她安慰。弹完之后，他就悄悄离开，根本不会注意到有无别人在场。

在安东妮的描述中，贝多芬这个"伟大而卓越的人"不仅仅是个艺术家而已。她在给朋友的信上写道，"他温存的心、他热情的灵魂、他不良的听觉以及他所充分实现的艺术家天职"，最后的结论是：

"他自然、淳朴而睿智，有纯良的意愿。"

贝多芬在安东妮的家中享受到了人间的温情，他热爱他们夫妇，几乎不能与他们分离。等到安东妮向他表白爱意的重大时刻来临时，他显然感到十分的苦恼。

由此可见，在这两年当中，安东妮与贝多芬之间应该有过比较密切的接触。

1812年6月底，贝多芬离开维也纳外出旅行，而这个"不朽的爱人"应该是位在7月6日那一周会到达克隆巴的女子。而安东妮是唯一符合这个条件，并且与贝多芬十分熟悉的人。

7月25日左右，贝多芬离开了台波里前往克隆巴。而他此行的主要目的就是与安东妮重逢。而且这件事情也的确发生了——根据警察局的登记簿记载，贝多芬在7月31日住进了安东妮与她的家人从7月5日后就住着的宾馆，并且一起在那里住到8月8日。

然后，安东妮一家人与贝多芬一起离开克隆巴前往法兰任斯巴德。在9月的第二周，贝多芬与安东妮一家人分手后离开法兰任斯巴德，独自前往克隆巴，随后不久他又返回了台波里。

关于这位"不朽的爱人"的名字缩写中出现"A"、"T"两个字母这一点，在贝多芬所认识的女子当中，安东妮的名字就缩写为"A"。而名字缩写为"T"的女子则有好几个，但其中也包括安东妮，因为她的小名是"东妮"（Toni）。这个小名，安东妮的所有亲戚朋友都晓得，也包括贝多芬在内。他在写信给安东妮一家人的信上，也使用这个小名，有时他就会用安东妮的全名或小名缩写。

不过在今天看来，"不朽的爱人"对于贝多芬来说可能有着重要的意义，因为安东妮是第一个把他当做一个男人来接受的女人，也是第一个毫不保留地告诉他，他是她的爱人。终于有一个女人，愿意将她的爱给他，并且为了他情愿舍弃自己的丈夫和孩子，情愿接受社会的指责。

因此，这封写给"不朽的爱人"的信中所蕴含的力量，也是从最深厚的诚实的基础上建立起来的。它反映出贝多芬内心的一种冲突，他的内心在接纳与舍弃中不断地抉择着。

在写完第二封信后，贝多芬是否立即就将信寄出了，我们不得而知。可能他事后又写了一封比较仔细、也比较不矛盾的信来代替这一封，然后寄给安东妮，从而慎重地解决了他与安东妮之间的感情问题。

第十五章　领养侄子卡尔

即使是最神圣的友谊里也可能潜藏着秘密，但是你不可以因为你不能猜测出朋友的秘密而误解了他。

——贝多芬

（一）

到了1814年，国会议政厅在招待全欧洲的皇帝和权贵人物时，都要指定演奏贝多芬的作品。雷苏莫斯基伯爵在他的宫殿里安排了许多社交节目，"贝多芬所到之处，每人都对他表示尊敬"。

与此同时，辛德勒也写道：

贝多芬由雷苏莫斯基伯爵介绍给每一位贵族，他们对贝多芬的尊敬都到了极高的地步。俄国沙皇想单独对他表示敬意，这个介绍仪式是在鲁道夫大公爵的房间里举行的。在那里，贝多芬又遇到了许多其他的权贵人士。看起来，鲁道夫经常邀请邻国的有名之士来庆贺他的伟大教师的胜利的。

当然，贝多芬也不拒绝别人对他的尊敬。他还为俄国沙皇创作了一首《波兰舞曲》，同时还写了一出短歌剧《灿烂的一刻》。

这年的9月，《费黛里奥》再次上演，并且一直持续演出到10月。11

月，皇宫大厅中又举行了一场贝多芬的音乐会，许多重要人士都来了。从此以后，欧洲各界人士对于交响乐的兴趣都大大地提高了，因此这个音乐会在12月又举行了两次。

在这期间，贝多芬被众多权贵关注着，他也创作了一些令人惊异的作品。1815年12月20日，贝多芬又在皇家"骑士厅"中举行了一场音乐会，结尾的一个节目是从《费黛里奥》中抽出的一个四重唱。演出结束后，贝多芬隐约地听到了众人尽情地欢呼和掌声。

突然，心情激动的贝多芬冲到了钢琴前，当着许多皇帝、皇后、王子和大臣、显贵们的面，开始即兴演奏起来，并且十分动情、投入。这也是他最后一次在公众场合以钢琴家的身份出现。

由于皇宫不能容下太多的观众，在12月31日除夕前，皇宫的侧边赶建出了一个足以容纳700多人的大厅，准备在这里举办音乐会。

然而不幸的是，在1816年元旦的早晨，这个大厅突然发生了火灾，被烧得十分厉害，就连皇宫的大部分建筑也被大火所烧毁，甚至耗费了20多年时间收藏和积累起来的艺术宝库、图书馆等也都在大火中化为灰烬。

这场大火给维也纳民众带来了极大的骚动和叹惜。而就在此时，另一个更让人担忧的消息也传了过来，那就是拿破仑已从圣·赫勒拿岛上逃了出来，并且已经回到了法国。

国会一解散，维也纳文化艺术的一个鼎盛时期也就变成了历史，宫廷中的活动自然也相应地减少了许多，这也影响到了贝多芬的音乐创作与日常生活。

此时，李赫诺夫斯基的私人交响乐队也解散了，因为他在前一年的4月份去世了。雷苏莫斯基乐善好施的时期也至此告一段落，四重奏乐队也随之解散，四重奏演出也没人再举办了。

所有的活动结束后，鲁道夫便成了贝多芬仅有的恩人。他仍然住在皇宫中，贝多芬也经常去看望他。弗朗兹和安东妮已经回到法兰克福，贝多芬的异性朋友除了史达利切外，很少再有人去看他了。

孤独再次侵袭着贝多芬。

"每一样东西都是虚幻的。"他在1815年4月写信给卡恩加律师时这样说，"友谊、帝国、贵族们，每一样东西都像雾一样，被一阵风吹散了！"

四天之后，贝多芬又重新产生了一个念头，逝去的岁月、对友人的思念、对友情的回顾激起了他想写书的冲动。

在经过一年的沉思后，贝多芬写信给卡尔·阿蒙达：

> 我不断地想起你，我多么希望能够成为像你一样的人，但是命运却从不允许我实现这个愿望。我孤独地生活在这个德国最大的城市当中，被迫与我所爱的人分离开来。

从前的矛盾仍然在不时地折磨着贝多芬。他需要朋友，他也尝试着与他们交往，但"更多的是孤独"！

他在日记中这样写道：

"一个人终究是不会令人满足的。我想离开这里，住到乡村里去，或者住在幽静而甜美的森林中！"

但不久后，他又觉得"孤独的生活是有害的"。总之，这个时候的贝多芬在被一种无法忍受的孤独所困扰着。

（二）

在1814年到1815年这两年当中，贝多芬除了重新修改了《费黛里奥》之外，还写了《悲哀之歌》和《e小调钢琴奏鸣曲》（作品第90号）。

在1814年时，贝多芬一直在等待法院的判决，因为他牵扯到三件诉讼案子，这让他很烦恼。

缪赛尔的不讲仁义让贝多芬感到十分愤慨，他每天不停地咒骂着这些令他讨厌的人，只有鲁道夫除外。因为这位恩人会答应贝多芬一切可能的要求，甚至不必要的事他都会代为力争。

1815年1月，贝多芬这个关于金钱的案子终于解决了；到了这年的3月，贝多芬接到了自1812年11月起被拖欠的2500弗洛林。此后，直到贝多芬去世为止，他每年总计可以获得3400弗洛林。

然而，贝多芬仍然在不停地抗议着他的穷困。他的《费黛里奥》不断地演出，已经公演了16次，的确已达到了大众化的地步，商店的橱窗中都陈列着他的雕像，外面也常常有人给他汇款。

到1816年时，贝多芬的经济状况已经大为改观了，其存款总数（到他去世时）已经达到7400弗洛林之多了。这些钱都是别人捐赠和音乐会的利润积累起来的，同时还有他每年所得的各种其他收入。

但是，贝多芬在写信给卡恩加、兰兹等人时，却依然说自己正处于一个多么穷困的境地。他称，在1815年时他没有能力付给他生病的弟弟一些金钱，不能付房租和税款，那一年他还向别人借过钱。

这时，贝多芬的弟弟卡尔患肺结核病已经到了晚期，活不了多长时间了。

卡尔也是一个音乐家，只是他不像贝多芬那样有天赋，因此一生也没有出名。他经常教授贝多芬不愿意教或教不过来的学生。一直以来，靠着贝多芬的名气，卡尔的日子过得也算不错。

只是卡尔从小就身体瘦弱，经常生病。到了维也纳之后，他又爱上了一个有钱的裱糊商的女儿。这个名叫约翰娜的女人很漂亮，但也很放荡。贝多芬曾劝说弟弟不要跟她结婚，但昏了头的卡尔没有听从哥哥的劝告，还是与约翰娜结了婚。

自从娶了这个女人，卡尔就没过上一天好日子。约翰娜经常打扮得花枝招展地出去与别人约会，卡尔稍有阻拦，就会遭到破口大骂。可怜的卡尔精神渐渐垮了下来，本来就很虚弱的身体也跟着垮了下来。

就在前一阵子，贝多芬才获悉卡尔生病的消息，他马上就把自己仅有的一点积蓄寄给了弟弟。然而现在，当贝多芬正准备到欧洲巡回演出时，卡尔又来信了。

贝多芬万分焦急地改变了行程，前往卡尔家中看望弟弟。此时的卡尔被病痛折磨得面色惨白，连呼吸都费力了，并且还咳嗽吐血。

贝多芬对卡尔的病情无能为力了，只有无可奈何的怜悯。在卡尔去世之前，贝多芬还分几次偿付了卡尔家庭中所负的债务。他在给兰兹的信中说，他已经替弟弟付了一万弗洛林的债务，希望"这样可以让他生活得安逸一些"。

（三）

1815年11月16日，卡尔终于因病去世了，遗留下一个9岁的男孩。

贝多芬喜欢孩子，对小卡尔充满了感情。小卡尔有一张漂亮的小脸，两道浓眉下忽闪着一双长睫毛的大眼睛。尤其是那细长秀气的手指，显得那么温柔、灵巧。第一次见到小卡尔，贝多芬就流露出父亲般的慈祥和对小卡尔的挚爱。

卡尔的遗嘱是在去世的前两天写好的，由贝多芬记录。贝多芬提出，他想做小卡尔的保护人，因为他不信任孩子的母亲。而且他觉得，这个孩子也许是他这一生当中唯一值得投资的对象。

但是，他说得太远了，让卡尔的心中充满了疑虑，并在遗嘱的附录中注明了以下的字句：

> 我从我的兄长路德维希·凡·贝多芬口中得知，他要在我去世以后全权管理我的儿子卡尔，并使他完全从他母亲的管理中解脱出来。

因为我的兄长和我的妻子之间的感情并不是十分和睦，我发觉自己的愿望是不想让儿子离开他的母亲，而且以后也能永远接受母亲的管教。

至于保护权，则由我的妻子和贝多芬共同执行，只有这样才能使我的儿子得到幸福。我感谢我的妻子，同时更对我的兄长表示敬意。为了我儿子卡尔的幸福，希望上帝能够让他们两人和谐相处。这是即将逝去的"丈夫"和"兄弟"的最后一个愿望。

但是，卡尔的决定却造成了后来的困境。贝多芬很爱小卡尔，能为他做更多的事，但他不可能比小卡尔的母亲更亲近孩子。而这个女人在他眼中是很不负责的，甚至是卑鄙的，贝多芬甚至称她为"母夜叉"。如果让贝多芬与她和睦相处，那简直就是奇迹了。

而事实上，小卡尔对他的伯伯贝多芬也不是很信任。在卡尔死后8天，贝多芬就请求奥皇承认他对小卡尔的完全保护权，因为这个母亲太不适合了，而且还信奉邪教。次年1月9日，贝多芬的请求被批准了。

然而拿到了小卡尔的监护权后，贝多芬又能为他做什么呢? 他的居所并不适合小卡尔住，于是，贝多芬便带着小卡尔去拜访了城外私立学校的契阿纳达西奥。

契阿纳达西奥的妻子和两个女儿都是贝多芬的音乐爱好者，贝多芬也很热爱这个家庭以及他们所建立的这所学校，所以在2月2日，小卡尔就从公立学校转入了这所私立学校上学。

当生活逐渐步入到正常轨道后，贝多芬又开始了创作，并且连续完成了第101号钢琴奏鸣曲和《致远方的情人》。晚上，他还要忙里偷闲到契阿纳达西奥家中做客，请他们向他汇报一下小卡尔的情况。

但麻烦事也随之而来，小卡尔的母亲约翰娜并不甘心儿子被贝多芬夺走，因此经常到学校来看望卡尔。为了更好地保护小卡尔，贝多芬请求不准约翰娜来看望他。但根据有关条例，约翰娜在保护人所指定的第三人在场时，是有权看望孩子的。因此，贝多芬便与契阿纳达西奥商量，希望能够有办法让她不要再来看望小卡尔。

见不到小卡尔，约翰娜便找到贝多芬的住所，向他抗议。于是，双方展开了一场几近白热化的争执。

这年5月，贝多芬写信给埃杜特伯爵夫人，希望能够获得帮助。他在信中说：

> 我弟弟的死对我来说是一个极大的打击。我从弟媳妇手中挽救出我那可爱的侄子，的确是一个很重的负担。我成功了，但现在我对他所要做的最主要工作，就是将他送入一所合适的学校中去，在我的管理之下。怎样的学校才适合他呢？为此事，我不停地思索着，我的脑中盘旋着一个又一个计划，设法让这个可爱的孩子能够接近我，如此我在他的印象中才会加速好起来，但要做到这一点，却不是一件容易的事。

伯爵夫人很清楚，贝多芬要安置这个刚刚10岁、生气勃勃的孩子是肯定会遇到困难的，因为贝多芬花去整个夏天的时间来布置自己的家庭。卡尔的到来，也让他深深地体会到了日常生活中的一切问题都变得不容易解决。

贝多芬想找一个佣人来帮忙，可是，没有一个佣人能够忍受得了贝多芬那种不规则的生活状态：辛辛苦苦地为他预备了饭菜而不吃，或是很凶猛地回绝，或是索性不在家。如此折腾一番，厨师就不再正常地为他供应饭菜了。

而且，贝多芬还经常长时间睡在自己的房间里不起来，这也令他房间的空气污浊不堪。

幸好有自愿服务的异性朋友，如史达利切，能够经常帮他收拾一下，从而使他的房间变得有秩序和清洁起来，她还替贝多芬将肮脏的室内和污秽的衣物清洗干净，让他感到家庭的舒适。

9月，贝多芬从巴登写信给契阿纳达西奥和他的家人，请他们光临自己的"新家庭"，并且带小卡尔一起过来。

于是，契阿纳达西奥一家人带着小卡尔一起来到巴登。范娜·契阿纳达西奥描述当时他们被招待的情形：

贝多芬并没有为他们准备食物，而是请他们到一个酒店里去进餐。他从侍者手中接过每一份菜单，因为此时他的听觉早已损坏，侍者需要大声地在他的耳边呼叫着。

好不容易吃完了晚餐，回到家中，当客人即将就寝时，贝多芬却说还没有为客人准备休息的用品……

贝多芬其实还没有做好接待小卡尔的准备，契阿纳达西奥对此并不感到惊奇。

但是，贝多芬却将这一切都归罪于佣人。"我的家庭就像一只破碎的船，有关我侄子的所有计划与安排全都被这些人延误了。"

契阿纳达西奥听完，只能无奈地笑笑，不知道该说些什么。

（四）

1817年的下半年，贝多芬就静静地呆在自己的住所里，为侄子小卡尔的监护权进行着艰难而长时间的努力。

1818年1月，小卡尔带着他的衣服到了一度被他称为"破船"的贝多芬的住所。尽管贝多芬已经对这个地方进行了一番改善，但也仅仅是比"破船"的状况稍好一点而已。

这个时期，贝多芬再度深入了音乐的境地，甚至连他的侄子都会遗忘。由于卡尔没有合适的人管教，他便随心所欲地做各种自己喜欢的事。

后来，贝多芬把卡尔交给一个牧师管理，然而6个月后，牧师便将卡尔送了回来，表示对他无能为力。因为宗教上的训告对卡尔毫无作用，他还经常在教堂中扰乱正在进行的礼拜仪式。

同时，邻居们也都开始抗议，抱怨说卡尔带坏了他们的孩子。而最让众人感到惊奇的是，卡尔经常在公开的环境中毫不在乎地诽谤他的母亲，贝多芬却还鼓励他这样做，并且还到牧师那里去帮侄子说情，说他的母亲很坏、很贪心。

于是，贝多芬又把卡尔送入了一所管教严厉的公立学校，并且还特意请了一位教师；到了暑假，他又将卡尔带到城里，经过考试，并于11月6日入了学。

此后的事似乎变得一帆风顺了，卡尔在学习上又显示出了一些良好的素质，是个很好的学生。另外，卡尔还学习钢琴、图画和法文等。

然而，平静的生活还是起了波澜。在12月3日这天，卡尔忽然从学校里逃走了，跑到他的母亲那边去了。贝多芬非常难过，泪水从他的眼中滚下来，朋友们都十分同情和怜悯贝多芬。

于是，这件事又重新在法庭上提了出来。地方长官当然是站在贝多芬一面的，而贝多芬则集中力量攻击弟媳的不贞。

他们最初的假定是：一个不忠实的妻子肯定不会是个可靠的母亲。然而，约翰娜却是深爱着卡尔的。她很高兴地用去了自己的一半金钱，隔一段时间就会去看望一次卡尔。后来，她探视的时间减少到每月一次。

当贝多芬去了缪特林后，约翰娜被完全隔绝开来，不允许再看望儿子了。于是，约翰娜就急躁地向贝多芬的佣人打听自己儿子的消息，还秘密地去看过儿子几次。

但是，约翰娜也发现，卡尔变得越来越任性，并且对她也变得越来越不信任了。并且她又误听到一个消息，说贝多芬打算把卡尔带到一个相当远的学校去上学。

于是，约翰娜就向法庭提出抗议，说贝多芬要将卡尔完全与自己这个母亲隔绝开。而这时大家认为，最好的办法就是彼此相互和平地相处在一起，这样才能挽救卡尔，让卡尔健康地成长。但这并不是贝多芬和约翰娜的意见，他们两人都希望自己能够获得独自保护这个孩子的权利。

因此，贝多芬与约翰娜又被召集到市政法庭中讨论这件事，听取了他们两人的意见。这个法庭显然没有受到贝多芬的名声和崇高的地位的影响，在调查他身为保护人的条件时，贝多芬表示他十分深爱这个孩子，担心他落入外界不良的影响之中。

但是，贝多芬在请愿书中却大肆攻击约翰娜这个寡妇，约翰娜的保护人霍次契夫对此反驳说：

"贝多芬身为一名副保护人，却要将卡尔与他的母亲完全隔离。怎么能把这个年仅11岁的孩子交给一个耳聋、暴躁、溺爱和半疯的人去管理？"

经过几个月的讨论，双方的矛盾仍然不能调解。于是，判决书在1819年11月17日发下来了。结果似乎对卡尔母亲的一方有利一些，她在1811年的罪错被判为不成立；而贝多芬却准备将卡尔送到远离此地的学校读书，以便让他的母亲找不到他，这一点法庭没有支持。

地方长官不知道，约翰娜最近又有了一个私生子。于是，法庭决议让卡尔的母亲与市政府的长官利奥波特·纽斯波克共同管理这个孩子。

在这场官司中，贝多芬失去了卡尔。

为了能够拿到卡尔的监护权，贝多芬试图用自己全部的力量去夺回他所失去的。他请约翰·巴赫博士担任他的辩护律师，再度起诉。

又经过一冬一春的努力，无论是巴赫律师还是法官，都被这件事折磨得筋疲力尽。而在这段时间里，贝多芬的《弥撒祭曲》也正处于创作阶段。

最后，贝多芬终于胜诉了。1820年7月24日，上诉法庭裁定：贝多芬和他的朋友彼得也享有对卡尔的保护权。

这场官司前后共打了5年，这时的卡尔已经是个13岁的少年了，贝多芬将他带在身边，生活才渐渐平静下来。

第十六章　奏鸣曲与《弥撒祭曲》

音乐给人快乐。热爱音乐的人一定热爱生活。

——贝多芬

（一）

在获得小卡尔的监护权后，贝多芬就想给予小卡尔良好的教育和悉心的指导，他对小卡尔的爱是真挚而深厚的。如果小卡尔与他离开片刻，或者与什么可疑的人在一起，他就会感到十分害怕。贝多芬希望任性的小卡尔能够在自己的照管下有所转变。

然而，将一个孩子从他的母亲身边"夺"过来，而让一个关系略远的人来做监护人并不合适。一个孩子的心灵本来是善良正直的，但他的母亲和伯父却在互相说着对方的坏话，这对于一个孩子的成长来说是十分矛盾的。

同时，贝多芬的性格也不适合管教小卡尔。正因为他使用了一些错误的方法，才让小卡尔变得越来越难管。这也为后来小卡尔不幸自杀的悲剧埋下了祸根。

当然，对于小卡尔的照顾并没有令贝多芬完全放弃自己的音乐创作。在与约翰娜争夺小卡尔过程中，贝多芬同时还在创作着《弥撒祭曲》。

早在弟弟卡尔去世前，贝多芬就很希望自己能够去英伦三岛。因为这个国家曾让海顿在很短的时间内就赚了一大笔钱。贝多芬也想这样，因为他同伦敦的关系很密切，只要一直待在那里，就有赚钱的机会。

那年，贝多芬在听说在某剧院上演《维多利亚战役》成功之后，就写信给此事的主持人佐治·斯麦特脱爵士，给予对方在伦敦演出的权利。佐治爵士联系了伦敦交响音乐会的主席沙罗曼先生，请求把贝多芬的作品加入到他们的节目单中。

此时，贝多芬的朋友兰兹也在尽力为贝多芬工作着，在伦敦迅速地传播着贝多芬的音乐作品，出版商贝切尔也很愿意出版贝多芬的作品。

1815年11月22日，贝多芬写信给兰兹和贝切尔，与他们商量手中所有音乐作品的出版问题。这时，贝多芬的朋友奈特也从伦敦来到维也纳，并带来一个令人兴奋的消息，说他已经成为伦敦交响音乐会会员之一了，而且说这个音乐团体希望贝多芬能够为他们作三首序曲，并愿意付200英镑的酬金。

1816年1月，奈特带着贝多芬的乐谱回到伦敦去推销和出售，其中包括《第七交响曲》等一些乐曲，还附带了贝多芬为这个交响乐团体所作的三首序曲。

但是，大家对这三首序曲的反应并不怎么理想，只有其中的《雅典的废墟》序曲符合音乐会的需要，经过试奏后便开始出售了。其他优秀的序曲如《普罗米修斯》（作品第43号）和《爱格蒙特》（作品第84号）等，在他们的音乐会中也引起了极大的注意。

一年之后，兰兹在1817年6月9日写信给贝多芬，提到了交响乐会的事。他请贝多芬"最晚在明年1月8日以前抵达英国，并带去两首雄伟的交响音乐新作"以作为音乐会的特殊用途。同时，他还答应付给贝多芬300或400英国金币。

贝多芬很痛快地接受了这个邀请。这时，他被公众称为"钢琴家"的时代已经过去了，他只能参加一些额外的音乐会为自己获取一些利益。

于是，贝多芬开始拟定自己的出行计划。他觉得，这趟旅行应该可以带回一笔可观的收入，以满足他照顾侄子和自己安享晚年的需要。

（二）

到1817年9月，距离贝多芬去伦敦的时间只有4个月了，但那两首已经答应的交响曲新作贝多芬却还未动手。

有人因此开始担心贝多芬的能力：他真的能够在短短的4个月中慢条斯理地完成约定的交响曲吗？

这个时候，贝多芬的生命虽然充满了困难，但这些困境却不能让他的音乐源泉就此枯竭。

只有一件事情可能让贝多芬感到失望，那就是别人不能从他的艺术中深深地了解他。贝多芬是富于活力的，这股力量也让他的音乐汇聚成一条活泼的河流，谁也不能遏制。

在荆棘丛生的人生道路上，贝多芬一直都在泰然自若地行走。当暴风雨降临时，他也会默默无声地忍受着。1813年、1816年是他音乐创作的"休眠时期"，而1817年的春天又是他人生的"悲剧时期"，诉讼案、卡尔等给他带来的困扰，迫使他必须在艺术中倾注更多的力量。

现在，贝多芬感到很无力而又迷惑，不断增加的忧愁也使他缺少了音乐的创造力。尽管他已经草拟了《第九交响曲》的轮廓，但却没有继续下去。很显然，他还没有准备好作一首交响曲，而是仍旧进行着一个歌剧作曲的计划。同时，他还要分一些精力给侄子卡尔，以赢回侄子的爱。在日记中，他写得如此疑惑不决：

> 上帝可怜我、帮帮我，你看这世上的一切人都对我表示冷淡，我不希望做错任何一件事情；请听我的祈祷！只有与卡尔在一起才是我的将来，没有任何别的路可走了。呵，乖张的命运！呵，残忍的天

命！不，不，我郁郁不欢的生命永不会终止的，我在夏季中工作也是为了可怜的侄子！

不过很快，贝多芬就转变了自己的情绪，重新振作起来，他又产生了一股新的力量，这股力量是经过了灵魂的再造之后才产生的。随后，贝多芬努力使他的音乐主题趋向未曾有过的简洁、纯朴。这样，他的音乐就能流传千古而不朽了。

经过一番整理和挣扎，贝多芬找到了新的道路。只是他不承认，这种改变其实在一年前的一首钢琴奏鸣曲中就显现出来了，那就是1816年他所作的《A大调钢琴奏鸣曲》（作品第101号）。

与此同时，其他一些作品也在贝多芬的生命中聚积起来。他在草稿簿上一页又一页地写着，许多新的计划也不断产生了，甚至交响曲的乐号也显示出来了。在晦暗的环境中，贝多芬又找到了自己奋进的方向，新的工作也继续从冬天推向次年的春天，一直到夏天，他便完全进入状态了。

到1818年秋，贝多芬用了近两年的时间完成了这首钢琴奏鸣曲，贝多芬将其题名为《槌子键琴奏鸣曲》。

这首奏鸣曲的第一乐章富有交响曲的气息和性质，慢板部分仿佛一个男人的愁思。在慢板中，虽然因为收回了恐惧而略微得到些安慰，但也不过是暂时的。最后的追逸曲是一种强有力的表示。贝多芬这种追逸曲的方式是从巴赫那里学来的，但经过他的处理，曲子变得十分雄伟。

关于创作"追逸曲"，贝多芬对霍尔兹说：

"其实这不需要什么特别的技巧，当我还在学习时，我就创作出一打有余。今天，一种新颖而富有诗意的东西必须渗透到古旧的东西当中去。"

贝多芬的作品如《降B大调变奏曲》和1815年的《两首大提琴奏鸣曲》（作品第105号）等都是这样的。但现在，他需要更大的柔和性和更集中的力量感。

这是一种十分新奇的力量。贝多芬不会再为侄子卡尔而牺牲自己的音乐艺术了；金钱的需求他差不多也完全忘掉了。一股强大的力量正推动他进入奏鸣曲的境地，促使他努力进行音乐创作。

（三）

在1819年的夏季，贝多芬开始创作他最伟大的《弥撒祭曲》。他以前从未像现在这样，能够如此集中精力和如此长久地维持着一种如醉如痴的热情。

这首乐曲的题目是无限的，其创作过程十分痛苦而又有诸多障碍。贝多芬写道："它出自内心，也可能重入内心。"

这句话是题写在《弥撒祭曲》的原稿上的。当这首《弥撒祭曲》产生了戏剧效果时，贝多芬也认为是理所当然的，因为它的题目本身就具备一定的戏剧性。通过这首曲子，贝多芬不仅向民众宣传了宗教的福音，同时也宣传了自己所创作的伟大的音乐。

有人说，《弥撒祭曲》本来是发生在罗马教堂的事件，贝多芬曾带着他的侄子卡尔去忏悔，并在那里接受洗礼。但贝多芬却否认了这一说法，他称这是从拉丁文翻译过来的，每一个字都经过仔细考虑，以保证其含义真正对人类有意义。

到了1820年3月18日，正是贝多芬的朋友鲁道夫就任奥尔姆兹大主教一职的前两天，贝多芬写信给出版商辛姆洛克，要求为这首未完成的乐谱预支给自己100弗洛林，同时答应会尽早完成作品。但出版社足足等了一年，也没有拿到这部乐谱。

1821年11月12日，贝多芬写道：

"这首《弥撒祭曲》即将送出，但我必须再仔细地看一遍。"

事实上，贝多芬的意思是想将曲子的价格抬高，因此便违背了已向辛姆洛克许下的诺言。同时，贝多芬又写信给柏林的出版商舒利辛格，委托他出版这首《弥撒祭曲》，并希望能够早日得到回音，舒利辛格也答应了。

1822年7月26日，贝多芬又写信给莱比锡的彼得，说：

"舒利辛格以后不会再从我这里得到什么，他作弄了我。而且，他根本就不是接受这首《弥撒祭曲》的人。"

到了8月23日，出版商阿尔泰勒也接到了贝多芬同样的提议：

"我所能做的就是选择你，我不会再信任其他任何人了。"

辛姆洛克还在不停地催促贝多芬，但在1822年9月13日，他却接到了贝多芬的一封惊人的信：

"我现在已经有了4个出版商，其中开出的最低价格是1000弗洛林。"

虽然之前贝多芬与辛姆洛克商定的价钱要比这低得多，但辛姆洛克还是答应了贝多芬的要求。于是，贝多芬就打算将《弥撒祭曲》交给辛姆洛克，并说：

"我将立刻把原稿送到你那里，一个经过修改完善的乐谱或许会使你的出版事宜变得更加便利。"

然而乐谱最终也没有送过去，贝多芬还在重复着这种不负责任的承诺。到11月，他又写信给彼得说：

"这一次，你一定能收到曲子。"

贝多芬这时已经写了两首弥撒曲，他不知道要送哪一首过去才好。

接着，贝多芬又有了另一个弥撒曲的创作计划。在1823年1月或2月间，贝多芬写信给每一个欧洲的君王，答应会送给他们每人一份"伟大《弥撒祭曲》的原稿"，但需付给他50个金币，以补偿昂贵的印刷费用。

有10个国家的君主或团体接受了贝多芬的这个提议。于是，《弥撒祭曲》第一次安排在俄国加力金王子那里演出，贝多芬很满意。

但是，这却招来了正在等着乐谱的其他国家、公国大臣们的抗议。尽管贝多芬又想出了一个新的理由来推却、遮掩出版延误的事，但任何一个皇帝、王公付了50个金币却要不断地等待一首未听过的弥撒曲，当然不会感到满意了。

出版商也不断地催贝多芬要乐谱，直到1823年3月，贝多芬才将乐谱交给辛姆洛克出版。

平心而论，贝多芬从来不清楚这个世界上的交易原则，因此他在这方面也总是任性而行，且绝不是一个有计划的艺术家或是聚财的能手。这样说，人们也就能够理解为什么辛姆洛克愿意支付贝多芬提出的高稿酬，而贝多芬又总是违背自己的诺言；否则，人们就可以这样说，贝多芬是为了图虚名，让一个又一个出版商跟在自己的后面，想从他那里得到这首闻名已久的《弥撒祭曲》。

1822年夏季，贝多芬在给他的弟弟写信时说：

"他们都在为出版我的乐谱而争夺着。"

可以说，拖延时间已经成了贝多芬惯用的手段了。他对任何一个出版商的要求都表示应允，从不拒绝。如果贝多芬所做的这些不合时宜的事被出版商们集中起来，并加以起诉的话，他一定会受不了。

　　在贝多芬的心中，《弥撒祭曲》是为上帝而创作的乐曲，也是为整个世界而创作的乐曲。如果能有有钱人来保证他的生活，他就可以自由自在地作曲。

　　但这种"理想化的生活"是不可能时刻都有的，虽然他忠实的恩人曾经设想过，也努力过，试图将他带入其中。

　　然而贝多芬所不了解的是，这个社会不能够为他的自由创作提供条件。即便是他的恩人和出版商，他们随时都有可能遭遇不幸。

第十七章 《第九交响曲》与卡尔自杀

我的高贵不在出身，而在于我的天才的头脑和高尚的心灵。

——贝多芬

（一）

贝多芬大部分时间都待在居所里，沉浸在深深的思索之中，不愿接见任何宾客。

1823年秋，一个年轻的英国人丘列斯·贝纳蒂克特来到维也纳，请求会见贝多芬。约好后，他们在一个音乐店会晤了。丘列斯的注意力完全被贝多芬的外貌所吸引住了，后来他是这样描述贝多芬的：

一个矮小而强壮的人，红色的脸，小而深陷的眼睛，浓厚的眉毛，穿了一件极长的外衣，几乎到了他的脚踝……虽然他气色极佳的面颊和所穿的衣服极不协调，但那对细小而深陷的双眼及丰富的表情却不是任何一位油画家能画出来的。

后来，丘列斯又在巴登遇见了贝多芬，并记下了他的外貌变化：

他的白发躺到了他宽大的肩膀上，有什么事情伤了他的心？他的双眉紧紧地皱在一起，有时则任意地狂笑着，这对于在他旁边的人有一种难以描述的痛苦。

事实上，此时的贝多芬需要做的第一件事，就是放弃他生活道路上的一些琐事。

朋友提议贝多芬创作一些华尔兹的变奏曲，但贝多芬却不喜欢这种"愚蠢的想法"。为了戏弄朋友，贝多芬还不停地写变奏曲，一曲接着一曲。然而让人意外的是，当这些变奏曲和苏格兰歌曲传到爱丁堡后，低调的评价便随即产生了。

后来，辛德勒向贝多芬述说了当地流行的一个传言：

"贝多芬现在除了写这类歌曲外，不能再写其他的曲子了，就像老年时期的海顿一样。"

贝多芬听了之后，平静地说：

"再过一段时间，他们就会知道自己说错了。"

在贝多芬的最后10年（1818—1827年）中，他的耳朵已经全部聋了，健康状况也显著恶化，生活十分困窘，精神上更是遭受折磨。迫于经济压力，贝多芬不得不以卖稿为生。他与英国爱乐协会签订了合同。但爱乐协会只答应给他50英镑作为酬金。

而贝多芬则以一种"英雄"般的毅力和决心，花费了近六年（1819—1824年）的时间创作了世界闻名的《第九交响曲》（作品第125号，别名为《合唱交响曲》）。

如此伟大的一部交响乐在当时只值50英镑，实在是太便宜了！

这一"便宜"的曲目在他全部的交响乐作品中占据了突出的地位。此曲是贝多芬"英雄"思想的继续和发展，也是他个人在交响乐领域成就的总结。

但是，这部交响曲直到1824年春天还未完成，比原计划整整晚了一年。爱乐协会开始变得不耐烦了，但也只能继续等待。

当这部巨作的手稿问世时，人们看到上面有贝多芬的亲笔签字和题词：

"为皇家爱乐协会而作。"

至于这部作品的首演权，爱乐协会希望能有个明确的结果，但最终他们也没有获得首演权。

《第九交响曲》无疑是贝多芬的顶峰之作。当时，许多作曲家都因受到贝多芬的启发，相继在自己的器乐作品中加入合唱或独唱，但取得的成就都不如《第九交响曲》。

这部交响曲在完成后，被献给了普鲁士国王威廉三世。为此，威廉三世赐给贝多芬一枚戒指，而贝多芬后来将它卖了300金币。

1824年5月7日，在维也纳卡斯莱萨剧院，由耳聋的贝多芬亲自指挥，首次演奏了《第九交响曲》和《D大调弥撒祭曲》，并获得巨大的成功。演奏使每一个在场的人都感动得不能自己！当全曲告终时，全场都鸦雀无声。接着，便响起一阵雷鸣般的热烈掌声。最后，更是接连响起了五阵拍手声。多么令人激动的场面啊！

这正如罗曼·罗兰所说的那样：

贝多芬自己并没有享受过欢乐，但是他却把伟大的欢乐奉献给了所有的人们！

现在，《第九交响曲》已经被公认为是贝多芬在交响乐领域的最高成就。

（二）

自从贝多芬将侄子卡尔的监护权争夺过来之后，卡尔就与母亲分开居住了。但是，卡尔的母亲约翰娜却不肯距离儿子太远，她仍旧是贝多芬潜在的危险。

事实上，卡尔与贝多芬之间从来没有真正地相互了解过。对于卡尔具有的超常的智力，贝多芬感到十分骄傲和自豪，梦想着这个侄子可以继承他的事业。因此，贝多芬首要的愿望就是对卡尔进行音乐上的训练。

于是，贝多芬就给史坦纳写了一封信，让他来教授卡尔，而且要用最佳的钢琴教程乐谱，以帮助卡尔打下良好的音乐基础。卡尔在琴键上表现得也相当出色，当然他不能再有更大的进步了。

卡尔爱好文学，贝多芬为了支持侄子，就将他送入维也纳大学。卡尔在语言方面的进步也很快，贝多芬对卡尔寄予了深切的厚望，一心一意地希望将他培养成为一名学者。

但是，卡尔的情形却与贝多芬期望的相反。虽然他有很好的接受教育的机会，但他却并不专心致志地学习。

1825年初，卡尔称自己所受到的大学教育已经足够了，希望加入陆军，但贝多芬并不赞成。而贝多芬的希望也从来都没有被卡尔所接受过，甚至贝多芬连了解都不想了解。

1825年的春天，贝多芬让卡尔进入工学院学习。在学习期间，卡尔住在一位政府官员舒里默的家中，同时也受到了舒里默的严格监护。

到了夏天，贝多芬就搬到巴登去居住了，只有在星期日和假日才与卡尔在一起生活。在这期间，贝多芬让卡尔兼任了不少的工作，比如书记员等，让他没有更多的空闲时间去对别人搞恶作剧。但是，一个刚刚20岁的青年又怎么能被他的伯父轻易地看管住呢？再说了，舒里默平时也很忙，根本不可能整天都看护着卡尔。

贝多芬认为，卡尔是没有独立自主的权利的，他必须听从自己的安排。但是，越是这样严格地压制，卡尔就越发叛逆。而贝多芬对他的一些不公正的指责，更是让卡尔感到不满。

贝多芬想时刻都能约束卡尔，并要求他出来必须得到舒里默的同意。但卡尔不喜欢这样，因此常常在晚上偷偷溜出去；贝多芬给他的零用钱很有限，他在用每一分钱的时候都必须要认真思考一下，这也让卡尔感到十分烦恼。

卡尔的性格并不像贝多芬想象得那么顺从、听话，相反，他本来就有狡猾的一面。由于缺钱花，他就偷偷地跑出去赌博。

有一次，当贝多芬得知卡尔正在一所最下流的舞厅里喝酒、赌博时，立刻惊慌起来，并决定亲自去弄清楚。有人劝贝多芬说，如果贝多芬在那种地方被发现了，肯定会引起公众的注意和议论。贝多芬没办法，只好派霍尔兹去舞厅找卡尔。

霍尔兹是个懂得人情世故的年轻人，也是卡尔的好朋友。他回来后告诉贝多芬，说卡尔在那里喝酒，但并没有喝醉，也没有干其他的坏事。

从这件事以后，贝多芬与卡尔叔侄两人的之间矛盾就更加深了，甚至开始相互咒骂起来。贝多芬禁止卡尔再去见他的母亲，因为贝多芬认为卡尔之所以变坏，都是这个贱妇引诱的。

后来，当贝多芬怀疑卡尔又私下去见母亲时，他就威胁卡尔说不再认他了，并会把这件事告诉所有人，让大家知道卡尔是怎么不尊重他的伯父的。

很显然，贝多芬对侄儿卡尔的感情是爱恨交加的。1825年6月，贝多芬在给巴登的信中写道：

> "我为了卡尔差不多都要气愤得生病了，我实在是不希望再见到他了。"

然而贝多芬的话很快就应验了，这一年的10月，卡尔忽然失踪了好几天。贝多芬虽然嘴里说不希望见到卡尔，但闻讯后还是十分着急。他立刻就赶到了维也纳的舒里默家中，但卡尔并不在那里。于是贝多芬就留了一封信在舒里默家中，希望卡尔回来后可以看到。信中写道：

　　我的宝贝儿子，不要跑得再远了，请回到我的怀抱里来吧，从此以后我都不会再向你说一个粗鲁的字。啊，上帝，不要让卡尔走向毁灭的路……卡尔，你快回来，你会受到像以前一样的爱护。请冷静地思考一下吧，想想你的将来。我决不会再苛责你，因为我知道它现在已不会有效果了。从此以后，你从我这里得到的将是谨慎的保护，但你必须归来，回到你父亲真正的心里。为了上帝，你今天就要回来，你会知道我的心是何等的迫切，快归来！速归来！

　　事实上，作为伯父，贝多芬生命中很大一部分都被这个侄子占据了。他需要时刻关注卡尔的一举一动，并对其进行适当地约束，因为卡尔毕竟还只是一个20岁出头的大孩子。

　　然而，卡尔的性格并不随和。经济上不能够独立，无法让公众的舆论和法庭的规则来保护自己，再加上贝多芬这样的长辈之爱，反而使卡尔无所适从，因此卡尔也产生了严重的逆反心理。

　　卡尔在自己的谈话录中写道：

　　……我并不像你们所想象得那样可鄙。我可以保证：在你这个'家伙'当着大众的面向我攻击时，我深感痛苦。在5月间所失去的80弗洛林，我在家里仔细地寻找之后会还给你，这是一定可以找到的。如果我读书时你在这里的话，那我就不能在这种骄横的空气中生活。因为我不喜欢工作时有人批评我，而现在你却正是这样做的。

　　后来贝多芬在看到卡尔的这些字条后，写下了如下的句子：

　　如果没有其他更好的理由，你至少应该服从我的管教。你所做的一切，都可以被原谅和忘却，但请不要走上让人不快的道路，那样将会缩短我的生命。每天不到深夜3点钟，我都不能入睡，因为我整夜地咳嗽。我深深地希望，在不久的将来你能够不错怪我，而我也愿意热烈地拥抱你。我也知道昨天你所做的事，我希望在今天下午1点钟见到你。再见！

贝多芬对卡尔的爱是十分深切的，但他的爱却被侄儿无情地蹂躏着。顽固的卡尔给贝多芬带来的只有痛苦。

（三）

到了1826年7月，卡尔便开始在信中暗示贝多芬，称他已经可以自己毁灭自己了。贝多芬发现后十分惊慌，立刻赶到霍尔兹家，带上他一起赶往舒里默家。舒里默见到贝多芬后，极力地安慰他，但卡尔却依然在不断威胁贝多芬。

舒里默反复追问卡尔前段时期的有关情况，因为他发现卡尔欠了不少债务。但卡尔却根本不想对舒里默谈这件事，只说自己是因为某些特殊原因才这样做的。

这件事保存在舒里默的记录当中：

我发现他的身上带着一支上了子弹的手枪，并且还另外带了子弹和火药。我让他把手枪交到我这里保管，待他冷静一些之后再商议。否则，他会感到痛苦的。

后来，舒里默又在卡尔身上找到了另一支手枪。霍尔兹对贝多芬说，他们是不可能牢牢地看住卡尔的。即便他没有手枪，也会采用其他的措施做他想做的事。

贝多芬和霍里兹打算到警察局寻求帮助，希望警察局能够采取强制措施控制卡尔。可是就在他们商议计策之时，卡尔已经溜之大吉了。贝多芬花了整整一个晚上的时间寻找他，但都一无所获。

卡尔跑到一家典当行，当掉了他的手表，然后买了两支手枪和火药、子弹，随后乘车赶到巴登。随后，他写了两封信，一封信写给尼迈兹，还附了一张给自己的叔叔约翰的字条。

第二天，卡尔沿着贝多芬平时习惯走的路线到达了洛亨斯坦。这时卡尔觉得，这地方很适合自己。然后，他将两支手枪都装上了子弹，将枪口抵在了自己的太阳穴上，扣动了扳机……

砰！砰！两声枪响震动了山谷……

就在这天，一个驾着马车的人刚好途经此地（这天正是7月31日或8月1日）。他突然发现，一个年轻人正躺在长满青草的小山丘上，头发和面部满是鲜血，一支手枪丢在他的身旁。

这个人赶紧下车，跑到这个年轻人身边，发现这个年轻人还有知觉，并从他的口袋中摸出了他母亲的地址。

驾马车的人赶紧将卡尔抱上马车，然后飞速驶向维也纳。

当贝多芬接到驾车人的通知后，立即赶到了卡尔的母亲家中。卡尔静静地躺在床上，头发上仍有丝丝的血痕。他们正在等待医生的到来。

卡尔的母亲约翰娜觉得，子弹一定还停留在卡尔的头骨当中。此时，贝多芬焦急的询问更让卡尔反感。

"事情既然已经发生了，就只能马上动手术取出他脑袋中的子弹才行。假若史美泰纳医生在的话，就不会责备我，而是会马上帮我想办法。"贝多芬说。

于是，贝多芬立刻写了一个字条交给霍尔兹，让他马上送到史美泰纳医生那里。字条中写道：

一桩极大的不幸发生在卡尔的身上，这是他自己一手造成的，我希望他能够获救，请您一定要马上过来。卡尔的头上有子弹，你认为应该怎样处理呢？只有赶快过来，为了上帝，你赶快来！

霍尔兹拿了字条，赶紧往史美泰纳医生家跑去。这时，另外一位外科医生已经赶来了。

卡尔使用手枪是个外行，因此有一支枪射出的子弹根本就没有打中他，而另一颗子弹虽然打中了他，但也只是擦破了皮肉而已，并没有击穿他的头骨。因此，卡尔是不会因此而丧命的。

显然，卡尔是决定自杀的。但当他找到一个合适的地方，并对着自己的头颅举起手枪时，他产生了一丝犹豫。也就是这一丝犹豫而生发的直觉让他害怕起来，手指也变得僵硬了，因而手枪射出的子弹才没有打中要害。

卡尔获救后，贝多芬便离开了。

这时，卡尔对大家说：

"只要再也听不到他的呵斥，只要他再也不到这里来，什么都行，怎么样都可以！"

他还威胁大家说：

"如果有谁再提到他的名字，我就撕去头上的绷带。"

后来，当母亲问及他自杀的原因时，卡尔说：

"我厌倦了生活……我不愿再过这种牢狱似的生活了。"

为了尽快治好卡尔的伤，得找到一个合适的地方休养才行。这时，贝多芬的另一个弟弟约翰邀请他们一同去他在格尼逊道夫的夏季别墅中过些日子。

贝多芬经过思考后，接受了约翰的邀请。而在从前，贝多芬曾经多次拒绝约翰的邀请。因为贝多芬实在难以接受约翰的妻子。这次他虽然接受了邀请，但还是要求约翰同意并保证他的妻子只能以女佣人的身份出现在别墅当中，他才愿意到约翰家中去。

据说有一天晚上，贝多芬在街上走，突然听到附近一所破旧的小木屋里传来了钢琴声。他走进去一看，原来是个鞋匠的家，屋内破旧不堪。弹琴的是个盲女，伴着皎洁的月光，贝多芬顿时来了灵感，开始弹奏起来，这便是著名的《月光奏鸣曲》。

第十八章　在病痛的折磨中辞世

凡人照样可以通过奋斗促成其不朽。

——贝多芬

（一）

贝多芬、卡尔和约翰三人在路上单调地度过了两天的时光。卡尔郁郁寡欢地倚靠在马车的角落里，头上包着绷带；约翰身材瘦长，手上戴着雪白的手套，身穿一条咖色的骑士裤。他华丽的衣饰和他的兄长贝多芬比起来，真是反差极强。而贝多芬所穿的衣服则透露了他当时极其抑郁的心情。

辛德勒说，经过这场灾难之后，贝多芬看上去"像一个70岁的老翁"。而当时，他才只有56岁。

约翰也觉察到了贝多芬与侄子卡尔之间的紧张关系。起初贝多芬拒绝到他这里来，而且态度很生硬，并把他的妻子视作敌人。约翰觉得，贝多芬是一个很难侍候的客人。

卡尔走上自杀之路，很多人都认为是被贝多芬逼的。其实世人所不知道的是：作为一个音乐家，贝多芬为教育卡尔而牺牲了自己的艺术和健康。他们同样不知道，最后促使卡尔做出这种绝望的、令人痛惜的举动的直接原因，也是贝多芬这位伯父不当的爱所导致。

到了约翰家中后，贝多芬依旧采取以往的做法：白天教育卡尔学习，晚上则将他锁在房中，目的完全是想将他引入正道。

约翰叔叔很同情卡尔，约翰的妻子也很怜悯他，并称赞他的音乐天才，尤其是当他与贝多芬一起作二重奏时。

卡尔可以适当外出活动，后来，他就经常到克雷姆去。经过贝多芬的一再查问才知道，原来卡尔经常与克雷姆镇上的士兵一起去剧院，在弹子房里玩耍。

贝多芬知道后，便以卡尔不专心学习为理由而禁止他再外出，但又担心卡尔会做出其他伤害自己的举动来。

对于卡尔，贝多芬是既溺爱又惧怕。

卡尔感到自己十分委屈，伯父太不讲道理了，将自己四周的所有人都看成仇敌一样。叔叔约翰也经常因为卡尔的事儿被贝多芬臭骂，因为他也不能完全按照这位兄长的意见办事，对卡尔的母亲也过于迁就。

在格尼逊道夫，卡尔的伤很快就恢复了。两个月后，卡尔虽然已经习惯了这里的乡间生活，但贝多芬还是希望能回维也纳去。

12月1日一早，贝多芬和侄儿卡尔就动身了。他们租来了一辆破旧的马车，虽然很慢，但也没有更好的办法。贝多芬睡在没有一点热气的车上，欧洲冬夜的严寒在侵袭着、摧残着他的躯体。

到了半夜时分，贝多芬"第一次有了生病的征兆，一阵接一阵剧烈地咳嗽起来，体内也如刀割般的痛。他喝了一杯冰冷的水，睁开双眼，等候着白天的来临"。

第二天白天，马车走了近十个小时，到傍晚时分，他们才回到舒怀顿斯班纳寓所。当卡尔将他扶下车时，贝多芬明显地感到自己身体衰弱、精神颓丧。

贝多芬生病了，卡尔负责照顾他。但辛德勒却不赞成由卡尔来照料贝多芬，因为他认为卡尔缺少仁爱之心。据说卡尔在离开贝多芬的病榻之后，便终日泡在弹子房里，也不去找医生。

到了12月4日，卡尔说他学校中的功课很忙，没有时间照顾伯父贝多芬，于是就写了一张纸条给霍尔兹，上面写了贝多芬所讲的话：

"我希望能够见到我的朋友，我生病了，同时最好能在床上医治。"

霍尔兹很快帮贝多芬找来了一位名叫华鲁赫的医生。

华鲁赫医生给贝多芬检查一下后，认为他患了肺炎，还有吐血的症状，呼吸也非常困难。经过一番救治后，贝多芬的病情才稍有好转，过了危险期。

到了第五天，贝多芬可以坐起来了，并且还能适当地活动活动。第七天时，他可以下床走一走，并且能写一些字条了。

其实，贝多芬肺部的毛病已经有一年多的时间了。尽管他从未想到自己的消化系统也会有毛病，但侄儿卡尔的恶劣品行使他受到了太大的打击。在格尼逊道夫生活期间，贝多芬就有胆汁过多的毛病。

接着，贝多芬又患上了黄疸病。病痛折磨得贝多芬内脏疼痛，随后又出现了水肿。

华鲁赫医生认为，这些水分一定要立刻抽去才行，于是又请来了另一名医生，经会诊后，两人便从医院请来了外科医生西勃德，并共同为贝多芬抽腹水治疗。

到了12月20日，医生们已经为贝多芬"抽出了5瓶半水了"。贝多芬感到自己得救了，并对医学科学充满了信心。

（二）

在这生病的半个月中，贝多芬收到了两件礼物，一件是普鲁士王子送给他的戒指，以表示其对《第九交响曲》的深深敬意；另一件礼物则是40卷由阿诺特博士所编撰的亨德尔作品。贝多芬常常将亨德尔排在所有作曲家的前面，因而这套书的出版无疑也让贝多芬感到十分高兴。

另外，辛德勒还带给贝多芬一些舒伯特的作品，这让贝多芬大为惊奇。贝多芬躺在床上，一页一页地看着舒伯特的乐谱，接连看了好几天。他越看越高兴，简直就是爱不释手。

又过了一些日子，到了1827年1月2日，卡尔终于加入了军队。这对贝多芬来说，又是一桩让他快乐的事。因为卡尔在他身边时，两人常常会发生无数的恼怒与争吵。

到军队后，卡尔只给贝多芬写过一两封信，而且信中也都是敷衍之词，从此就再也没有消息了，贝多芬也再没有见过他的侄儿。

在卡尔离去的当天，贝多芬就写了一封信给巴赫医生，指定卡尔为自己唯一的继承人。这封重要的信件并不是当时就送出去的，因为勒朗宁反对将贝多芬的财产进行分配。经过一些争论和拖延之后，贝多芬还是按照自己的意愿，将遗产全部给了卡尔。

从这时起，贝多芬的病情便时好时坏。而且在1月底，他还要再进行一次手术。

从华鲁赫医师的表情上，贝多芬也看出自己病情是在逐渐恶化的，因为他所用的药品一天比一天增多。

最终华鲁赫还是无计可施，便打算另外请一位名叫玛尔法蒂的医生前来，并让辛德勒去办这件事。

玛尔法蒂是茜丽莎的叔叔，在1813年时曾陪伴过贝多芬，但贝多芬曾有一次对他十分无礼，此后双方的关系便开始变得冷淡起来。

所以，当辛德勒找到玛尔法蒂医生并说明来意后，玛尔法蒂医生并没有马上答应辛德勒的请求，他说：

"请您告诉贝多芬，他是一位音乐大师，让他知道，我和其他同伴也希望生活在音乐之中。"

他没有表明自己不愿意前往的理由，是因为贝多芬非常顽固而不肯镇静下来。

在辛德勒第二次拜访之后，玛尔法蒂医生才于1月19日来到贝多芬的病床之前，同他恢复了友好关系。

玛尔法蒂医生的治疗方法与华鲁赫恰好相反，他将贝多芬所用的所有药物都换掉，并且允许贝多芬饮一些冷酒，好让贝多芬能够清醒过来。

贝多芬视玛尔法蒂医生如救世主一般，但可惜的是，玛尔法蒂医生的各种尝试也只能增加贝多芬的水肿；而冷酒，也正如华鲁赫医生所说的那样，只会刺激贝多芬衰弱的器官。

于是，华鲁赫医生再次被请了回来，担任贝多芬的主治医师。

贝多芬病重的消息很快就传遍了全欧洲，很多朋友都来看望他、安慰他。

2月间，韦格勒曾给贝多芬来过一封信，建议贝多芬重返波恩。

贝多芬给他写了回信，并对自己的迟复表示歉意。在这封信中，贝多芬流露出一种浓烈的思乡愁绪：

> 我的脑中常常铸成一个答复，但当我要笔录下来时，我又常把笔给弄丢了。我记得你常赐给我爱，比如你将我的房间粉刷得雪白，这使我多高兴啊！这跟冯·勃朗宁夫人家还有什么区别呢？我仍旧思念着你的劳欣。你可以看到，所有在我幼小时给予我爱的人，至今仍能让我感到无比亲切。

即使垂暮多病，贝多芬还依然是个壮心不已的人，因此他还在信中写道：

> 如果我能永久地让缪斯熟睡，那么，她恐怕不会去震醒更坚强的人。我仍然希望带给世界几个伟大的作品，然而，像每一个年老的人一样，在人世间的生活总会要结束的。

3月初，贝多芬又向朋友们诉说自己病中的经济状况：医疗费用不断增加。

"差不多有一个半月的时间，我连一个音符也没有写过。我的薪金只够付我半年的租金，所剩的仅有百十来个弗洛林了。"

因此，他希望伦敦交响音乐会能够为他举办一次音乐会，以筹集一些资金，为他治疗疾病提供帮助。

这封信发出后，伦敦交响音乐会立刻就给贝多芬寄来了100英镑，这件事让贝多芬在重病之中感到舒服一些，并且也的确解决了一些费用问题。

可是，贝多芬的病情却变得越来越没有希望了。

3月23日，赫梅尔一家去看望了贝多芬。辛德勒记下了这次让他终生难忘的会见：

> 他软弱而忧郁地躺卧着，眼睛的光不时地在闪烁着，从嘴里再也不能吐出一个字来，尽管他的嘴还在动。他的手抓着一条手帕。我母亲用绣着花的、漂亮的手帕在他脸上来回擦了几次，揩干了他的面部。我看到了，并将永远记住从他那双眼中所流露出来的对母亲的感激之情。

就在这一天，贝多芬写下了只有一句话的遗嘱：

"无条件地将我所有的一切都归诸我的侄子卡尔。"

华鲁赫想让贝多芬知道，现在他已经到了接受最后一次洗礼的时候了，如果他愿意接受的话。贝多芬同意了华鲁赫的建议。

洗礼仪式就在次日早晨（3月24日）举行的。贝多芬最后一次写下了自己的名字，同时将《升c小调弦乐四重奏》（作品第131号）的所有权送给了司格脱，并再次表示了对伦敦交响音乐会的感谢。

大约一小时后，司格脱从梅耶那里带来了一瓶莱茵酒，将它放在贝多芬的病床边。

贝多芬看见了，喃喃地说：

"可怜，可怜，太迟了……"

这是贝多芬所说的最后一句话。

（三）

3月26日下午3点，贝多芬的小屋里，勃朗宁和辛德勒守在他的病床边，还有贝多芬的弟弟约翰和他的妻子、司蒂芬·冯·勃朗宁和他的儿子等人。艺术家约瑟夫·坦尔斯切坐在床边上，开始为贝多芬作画，但司蒂芬用手势极力地表示反对，坦尔斯切只好悄悄地离开了。

不一会儿，勃朗宁和辛德勒便走到屋外，他们准备去寻找一块墓地。他们的愿望是为贝多芬找到一块好的墓地。

这时，房间中只剩下两个人了，分别是汉特鲁·白兰纳和贝多芬的弟媳约翰·贝多芬夫人。

汉特鲁·白兰纳写下了一段有关贝多芬临终前的文字：

约翰·贝多芬夫人同我一起等候在死气沉沉的房间中，这是贝多芬生命的最后一刻。他已经失去知觉多时了，此时此刻，他的喉咙中发出'哒哒'的声音，从下午3点到5点之间一直都这样。突然，天空中闪了一下电光，接着响起了一阵轰隆隆的雷声，令人炫目的光彩照亮了这间伟大音乐家的死亡之屋……这个不可预期的大自然现象让我深感惊奇！

贝多芬睁开了眼睛，举起了他的左手，作出了最后几个动作；

同时，他的面部好像有一种极其奇怪、极其恐惧的表情，好像是想说：'恶魔，我要向你挑战！你不会得胜的，上帝是在我这一边的……'当他举起的手放下时，他的眼睛已经半闭了。我的右手放在头上，左手放在胸前，一点儿气都不敢出，就连心脏都好像不敢跳动一下似的。

1827年3月26日下午5点，伟大的音乐家贝多芬去世了。

至此，西方最明亮的一颗艺术之星陨落了。

这时，屋外大教堂的塔楼上传来了一阵沉重而肃穆的钟声，好像是为了送大师的灵魂回归天堂。

贝多芬安息了，他的英名却将永垂不朽！

次日清晨，贝多芬的几个朋友都在他的家中，尽力为去世的贝多芬服务着，为他整理着所有的文件。他所留下的七个银行存折一定得找到，这样才能计算出他的财产数额。勃朗宁和辛德勒到处找寻，但都毫无结果。而约翰则冷冷地看着他们。随后，他们又去找霍尔兹。

霍尔兹是贝多芬最信任的财政顾问。他在贝多芬写字台的一只秘密抽屉里发现了如下东西：一束银行支票，一封由贝多芬用铅笔写给他"不朽的爱人"的信，第三件是茜丽莎·冯·勃朗斯维克的照片。这些就是贝多芬的所有遗物，而且都是具有永久意义的遗物。

这些财物的价值对于贝多芬的侄子卡尔来说，已经是一笔不小的数目了。

贝多芬一生都在叹息自己的穷困，这难免使人感到疑惑：这样一位伟大的音乐家，是否真的如他所说的那般穷困？是否曾经虚假地报告了他的经济状况与生活环境，欲以此来博得人们更多的同情和金钱上的资助？

当贝多芬告诉辛德勒和勃朗宁，他自己决定向伦敦请求帮助时，两人曾提醒他使用银行存折上的钱，可贝多芬却大发雷霆，不让他们再提及此事，因为那些钱都是要留给侄子卡尔用的。

可见，贝多芬对卡尔的爱是十分深切的，虽然他爱的方式不一定正确，虽然卡尔常常让他伤心失望。

（四）

贝多芬去世之后，整个维也纳都沉浸在一片悲痛之中。

1827年3月29日下午，人们为贝多芬举行了盛大的葬礼。

葬礼由勃朗宁和辛德勒主持。当天早晨，群众都开始向舒怀顿斯班纳寓所聚拢过来，并挤满了街道和广场，希望能够再最后见一次伟大的音乐家贝多芬。

这一天天气晴朗，暖风吹拂着大地，仿佛带来了春的气息。贝多芬的遗容开始沿途展示，供人们瞻仰。这也大大增加了整个街道上的悲哀的气氛。所有沉浸在悲痛中的人们，都在心中默默地为他们所敬爱的伟大音乐家祈祷。

在举行葬礼这一天，为了表示哀悼，各个学校都放假了；来送殡的人简直是人山人海。粗略地估计一下，大约有两万人参加了贝多芬的葬礼。维也纳的街道交通也为之堵塞，甚至出动了军队维持秩序。

装殓着贝多芬遗体的棺材放在寓所前的广场上，四周围着的是贝多芬的密友和崇拜者。音乐家、剧作家、诗人等，他们都主动穿上了黑色的礼服，并在袖口插上白玫瑰。

这时，辛德勒将一面特别订购的棺衣覆盖在灵柩上，上面摆满了用最漂亮的花环装饰起来的十字架、《圣经》和精美的维也纳荣誉勋章。

随后，希弗拉特带领着一班乐队开始演奏悲伤的音乐，其中有两首，就是由贝多芬亲自创作的。

送葬的人中，有很多著名的音乐家。抬灵柩的，是歌剧院8位著名的音乐家；扶灵柩的，是贝多芬的学生和那些晚辈音乐家们，一共有36个人。舒伯特也是这36人中的一个。他们都高高地举着火把，缓慢地行进着。

当队列经过勃朗宁的住所时，里面便奏响了从贝多芬创作的《A大调钢琴奏鸣曲》（作品第26号）中选出来的《葬礼进行曲》。

人们一起合唱着贝多芬生前所创作的乐曲，缓缓地走向墓地，期间只听见一片呜咽声和哭泣声。

另一场音乐是在墓地中演奏的。在教堂里，唱诗班唱着西弗拉特所作的诗，在屋中朗诵着卡斯坦利的诗，在墓地上又朗诵了冯·舒里赫泰男爵的诗，格立尔柏萨也写了一首葬礼短诗。

与36年前莫扎特的葬礼相比，贝多芬的葬礼要隆重得多。莫扎特的葬礼只有寥寥的数人参加，而且在送葬队伍行进的途中，天气突然下起一阵大雨，结果送葬的人赶紧躲进了家中，只差把莫扎特丢在墓地里了。

贝多芬的葬礼就不同了。无数群众都肃立默哀，并低下了他们高贵的头。

在墓地里，贝多芬生前的好友、奥地利戏剧家格里尔帕朗诵了他写给贝多芬的著名悼词。悼词中是这样写的：

> 他是一个艺术家，有谁能跟他并肩站在一起吗？
>
> 他是艺术家，在任何方面都是个顶天立地的人。
>
> 他不肯随便和人家接近，因为他不肯趋向人流。
>
> 因为他没有遇到可以和他较量的人，所以他生活在孤独中。
>
> 他尽管孤傲，但仍富有人情味，他爱家人也爱这个世界……

贝多芬，这位世界著名的音乐大师，以他顽强的毅力和过人的天分，给人类留下了丰富的遗产，同时也为音乐界开辟了一条新的道路。直到现在，我们仍然认为：贝多芬永远都会是音乐史上的巨人。难怪舒曼会说：

"用100棵百年以上的大橡树，在大地上写出他的姓名，或者把他雕刻成巨大的雕像，就像保罗梅安斯大教堂一样，他可以像他生前那样，居高临下地俯瞰群峰。当莱茵河上的船只经过这里的时候，当有陌生人问起这个巨人的名字时，每个小孩都会回答——那就是贝多芬。"

贝多芬生平与创作年表

1770年，路德维希·凡·贝多芬出生于德国波恩。

1778年，跟随艾登学习管风琴，并于同年第一次登台演出。

1781年，离开学校，专心学习乐理、风琴和提琴。

1782年，在聂斐门下正式学习音乐。

1784年，新登基的选帝侯佛朗兹委任贝多芬为第二任宫廷乐师，并支付薪金。

1785年，拜李斯特为小提琴老师，并创作三首钢琴四重奏。

1787年，在维也纳逗留时，曾拜访过莫扎特。

1787—1789年，创作《f小调前奏曲》、两首前奏曲和两首钢琴三重奏等。

1790年，创作《骑士芭蕾》（献给华尔斯坦，1791年3月6日上演）。

1792—1795年，创作作品第1，2，3，87，103，19，46，129号等。

1795年，结束学业，在维也纳第一次公开演奏自己的作品，三首钢琴三重奏出版。

1796年，赶赴布拉格、德累斯顿、莱比锡和柏林，觐见普鲁士国王费迪南。

1796—1797年，创作了《降E大调弦乐五重奏》（作品第4号）、两首钢琴和大提琴奏鸣曲（作品第5号）以及作品第6，7，8，25，16，71，

816, 15, 65, 51（1）号。

1798年, 听觉日渐减弱, 其一生的大苦闷、大烦扰和大压抑即始于此。

1800—1801年, 创作作品第17, 18, 22, 23, 24, 26, 27, 28, 29, 37（即《第三钢琴协奏曲》）, 43, 85, 51（2）, 49号等作品。

1802年, 创作作品第30, 31, 33, 34, 35, 40（即G大调浪漫曲）, 50（即F大调浪漫曲）和36号（即《第二交响曲》）等作品。

1803—1804年, 创作《第三交响曲》, 进入创作的成熟期。

1804年, 改原来献给拿破仑的《第三交响曲》为《英雄交响曲》。

1805年, 首次公演《英雄交响曲》。

1804—1805年, 创作作品第32, 53, 54, 57, 56和72号等作品。

1806年, 首次演奏《D大调小提琴协奏曲》, 创作《第四钢琴协奏曲》、三首弦乐四重奏（作品第59号）和《田园交响曲》等作品。

1807—1808年, 创作《命运交响曲》、《田园交响曲》以及作品第62, 69, 70, 80和86号等作品。

1809—1810年, 创作《第五（皇帝）钢琴协奏曲》、《埃格蒙特》以及作品第74、76、77、78、79、81（a）（即《钢琴奏鸣曲》）, 75, 83和95号等作品。

1811—1812年, 创作《第七交响曲》、《第八交响曲》及作品第96, 97, 113和117号等作品。

1813年, 写完《威灵顿的胜利》。

1813—1814年, 创作作品第89, 90, 94, 115, 118, 116, 91, 136号等作品。

1815—1816年, 创作作品第98, 101, 102, 112, 108号等作品。

1817年, 创作《五重奏赋格》（作品第137号）。

1818年, 创作《B大调钢琴奏鸣曲》（作品第106号）。

1819年，开始写《弥撒祭曲》。

1821年，创作第110号钢琴奏鸣曲。

1823年，《弥撒祭曲》完成。

1824年，《第九交响曲》完成，创作《弦乐四重奏》（作品第127号）。

1825年，创作最后几首弦乐四重奏，在维也纳首演《第九交响曲》。

1826年，计划写作《第十交响曲》，重病。

1827年3月26日，因病在维也纳辞世。